ABC del Profesional Inmobiliario

"Lecciones Prácticas"

*Aprende a iniciar tu negocio inmobiliario
de forma rápida y sencilla*

Actualización 2023

Karim Antonio Oviedo Ramírez
Rosa Moreno Malagón

Karim Oviedo y Rossy Moreno

"ABC del Profesional Inmobiliario"
México, 2020

Primera Edición

© Karim Antonio Oviedo Ramírez
ISBN: 9798634411866

Dedicatoria y agradecimiento

A mi amada esposa, quien ha sido mi mejor maestra y socia en el negocio inmobiliario y en la vida, así como a mis hijos que han sido y serán mi pequeña gran razón de ser. Quienes me han impulsado a lograr ser la mejor versión de mí y de quienes me siento y toda la vida estaré muy orgulloso.

A todos mis clientes y amigos que me han ayudado a escribir este libro y de quienes tuve gratos recuerdos al momento de redactarlo y compartirlo.

A Dios y a mi madre, quienes desde el cielo me han apoyado a ser quien ahora soy y por los que gracias a ellos puedo respirar, leer y ahora hasta escribir.

A mi hermana, sobrinas, tíos y primos, a mis amigos del negocio inmobiliario, a los asesores de mi oficina y de la red internacional de la que formo parte. Y a ti, que gracias a tus ganas de crecer estás leyendo estas líneas.

A mis amigos de la Asociación Mexicana de Profesionales Inmobiliarios, A.C., que me han permitido ser por 2 años (2021-2022) Consejero Nacional y Vicepresidente de Asuntos Jurídicos, encabezando los nuevos estatutos, el nuevo código de ética y la estrategia de implementación de la Norma Oficial Mexicana NOM-247-SE-2021 de AMPI Nacional aportando mi experiencia, tiempo, recursos y pasión para la profesionalización del sector. Ha sido una gran experiencia de vida.

Con aprecio y compromiso por la profesionalización del sector inmobiliario.
Karim Oviedo

A manera de prefacio

"Hay muchas cosas que siempre he admirado en la vida, pero hay 2 que me llaman la atención especialmente:

1. La generosidad de algunas personas para compartir sus conocimientos y experiencias con la intención de ayudar a otros a salir adelante más fácilmente.

2. La dedicación de tomarse el tiempo para escribir esos conocimientos y que queden plasmados en un libro para que generaciones futuras puedan acceder a esos conocimientos.

El que una pareja como Rossy y Karim lo hayan hecho me llena de orgullo, siento que he sabido elegir a mis amigos dentro de los mejores.

Muchas gracias por compartir tantas experiencias, tantos conocimientos y sobre todo por la generosidad de ponerlos al alcance nuestro y de futuras generaciones de inmobiliarios.

Me siento muy orgulloso de considerarme su amigo.

Un abrazo muy sincero

Sergio Felgueres Cabestany
Director Nacional de RE/MAX México

ÍNDICE

Introducción. "Los Negocios Inmobiliarios en la Nueva Era"

"Hemos aprendido a volar como los pájaros, a nadar como los peces, pero no hemos aprendido el arte de vivir juntos, como hermanos".

Martin Luther King

E scribí este libro justo en medio de la declaratoria del Consejo de Salubridad General de México que reconoce la epidemia de enfermedad por el virus SARS-CoV2 (COVID-19), como una enfermedad grave de atención prioritaria, cuando a ciencia cierta en México no sabemos qué va a suceder.

Algunos colegas inmobiliarios me llamaron para pedirme consejos, me preguntaban si era buen momento para invertir, acerca de cuál era mi prospección de hasta cuándo iba a terminar la pandemia, qué pasaría con el negocio inmobiliario, después de la pandemia y qué sucedería con nuestros negocios.

La realidad es que no tengo aún respuesta a muchas de esas preguntas, lo que sí puedo compartirte es que el negocio inmobiliario siempre va a ser importante y necesario para la vida humana, porque tenemos necesidad de comer, vestir y de un lugar dónde vivir, bueno, ahora también tenemos necesidad imperiosa de acceder a Internet.

Estas necesidades básicas harán que los negocios inmobiliarios sobrevivamos a las peores crisis, a los fenómenos naturales más devastadores, a las catástrofes financieras y a las epidemias, aunque todas se mezclen, nuestro negocio va a estar ahí, de eso no me queda duda.

Hace unos días compartía que en el negocio inmobiliario solamente existen tres posibilidades de fracaso:

a) Cuando el negocio no te apasiona y haces las cosas sólo mientras encuentras *"algo mejor"*.

b) Cuando eres flojo y no te esfuerzas por capacitarte y aprender las mejores prácticas, ni te dedicas suficientemente a tu negocio inmobiliario; y

c) Cuando de plano no entiendes nada de los negocios, en cuyo caso, no hay negocio alguno en el que prosperes y será mejor que te dediques a otra cosa.

Estoy seguro de que, pocos de los que leen este libro, caen en alguno de estos tres supuestos y entonces este libro es para ti, porque en esta época y en cualquier otra, siempre es buen momento de preparar la tierra, sembrar y prepararse para cosechar.

Por otra parte, quédate tranquilo, siempre es un buen momento para invertir en bienes raíces, claro, siempre que logres la mejor ecuación.

Habrá quienes estén viviendo actualmente en un mercado de compradores y otros en un mercado de vendedores, en ambos casos, siempre es un buen tiempo para invertir, así que no dudes en recomendarlo.

A quien se pregunta si habrá o no crisis en el sector inmobiliario después de la pandemia, te puedo compartir las palabras de apertura pronunciadas por Min Zhu, Subdirector Gerente del Fondo Monetario Internacional en la Conferencia *"Los mercados inmobiliarios, la estabilidad financiera y la economía"*, el 12 de junio de 2014:

"Los estudios del FMI revelan que, de las casi 50 crisis bancarias sistémicas registradas en las últimas

décadas, más de dos tercios estuvieron precedidas por patrones de auge y caída en los precios de la vivienda".

Así que despreocúpate, más de un tercio de las peores crisis económicas mundiales se han generado en el sector inmobiliario, y la crisis ocasionada por esta pandemia y su relación con el sector inmobiliario no pueden ser la excepción. Somos parte del problema, pero también siempre hemos sido parte de la solución.

Una correcta relación entre construcción de vivienda, créditos hipotecarios accesibles (flexibles y a bajas tasas de interés) y avalúos adecuados, contribuirán a resolver la crisis generada por la pandemia y los problemas económicos mundiales.

Por eso, este tiempo de reflexión me lleva a sugerirte que como dice la frase: *"Cuando el pescador no puede salir al mar, utiliza su tiempo reparando las redes",* esta es una magnífica oportunidad de prepararte para mejores tiempos, porque como decimos los mexicanos, *"no hay mal que por bien no venga",* o, dicho de otra forma, *aprende a prepararte para las oportunidades que vienen.*

Claro que actualmente a muchos les viene bien ser catastróficos, decir que va a ser difícil salir de ésta, que se vendrán tiempos muy difíciles y sí, puede ser que esto sea cierto, pero ¿y sí sucede lo contrario?, ¿cómo te estás preparando para lo mejor?, ¿cómo aprendes a vivir con resiliencia y afrontar las crisis de manera adecuada?

Como decía Henry Ford, tanto si piensas que estás bien, como si piensas que estás mal, en ambos casos tienes razón, depende del enfoque que tengas con relación a los problemas asociados a la pandemia y la economía mundial.

Muchas de las cosas que te van a suceder después de la pandemia las estás creando en este momento, así que cuida mucho lo que piensas y te dices y cómo te estás preparando para ese futuro, porque todo lo vas a crear tú. Afortunadamente lo que te suceda en adelante estarás consciente que será imaginado, planeado, creado, determinado y preparado por ti.

De tal manera que en este libro lo que quiero compartirte más que hablar de la pandemia o la crisis económica es acerca de cómo prepararte para lograr los mejores resultados en tu negocio inmobiliario y lo que puedes ir planeando y desarrollando para cuando podamos salir de casa.

Ahora bien, es posible que tengas en tus manos este libro después de la pandemia, esto no es relevante porque igual será útil para ti y tu negocio inmobiliario.

Fue "escrito" (porque realmente lo dicte a mi teléfono celular mientras caminaba, atendiendo la recomendación de mi médico), utilizando las técnicas y vivencias más actuales posibles, espero te sirva mucho y que encuentres en él más de 13 años de experiencia invertida en el negocio de los bienes raíces.

El libro del ABC del Profesional Inmobiliario tiene como propósito apoyar a los asesores inmobiliarios (que inician o ya tienen experiencia) a que tengan éxito en el negocio Inmobiliario.

Mi sueño es lograr que miles de asesores inmobiliarios tengan éxito en este negocio, en donde la falta de guía y apoyo, además de la falta de metas e intención, hace que muchos abandonen sus sueños o no lleguen ni siquiera a intentarlo.

Capítulo 1. "Creando el Hábito de Lograr"

"Las personas están ansiosas por mejorar sus circunstancias, pero no están dispuestas a desarrollarse a sí mismas; por tanto, permanecen atadas".

James Allen

Al leer este libro deseo que también lo lleves a su aplicación práctica y que logres grandes resultados; así como lees, **grandes resultados,** porque tú y yo queremos lograr resultados más allá de lo imaginado, en lugar de solo buscar tener algún resultado o solamente ir a buscar los resultados que todos los demás tienen, como si buscar logros promedio fuera lo máximo.

El texto que tienes frente a ti recoge una experiencia de muchos años y quizás ha esperado demasiado tiempo a ser escrito, tan solo me he decidido a escribirlo poco después de compartir, probar y mejorar algunos de sus secretos con otros profesionales del negocio inmobiliario y con los que he podido constatar que las ideas, consejos y herramientas que encontrarás te harán lograr más allá de lo que los profesionales inmobiliarios promedio pueden lograr.

Como queda clara mi intención, al final espero que no sea un libro más en tu biblioteca, sino que sea parte de tu vida profesional y que lo puedas recomendar para que otras personas lo tengan, esperando que tú recomendación ayude a mejorar la vida de otras personas y a quienes ayudarás a tener grandes resultados en su vida.

En ocasiones compartir información, recomendar un libro o simplemente citar el libro, puede ser muy valioso para los asesores inmobiliarios, ten la seguridad de que tu poder transformador está al alcance de una sugerencia para quienes crees puede serle útil conocer este libro.

La importancia de que este libro te ayude a tener resultados, parte de la idea de que estamos *"llenos de información"*, en vídeos, podcast, blogs, publicaciones, etcétera, estamos llenos de "cómo", así puedes pasar miles de horas viendo vídeos o escuchando audios que te digan algo acerca de cómo hacer una comida, una bebida, cómo leer más rápido y entender más, y un sinfín de cosas que quieras lograr, pero toda esta información carece de algo esencial: *tener la intención de llevar a la práctica lo aprendido y mejorarlo.*

Esta segunda edición es justamente parte de esa intención de mejorar lo realizado, de buscar explicar con más detalle determinados temas, de reescribir capítulos y de darle a nuestra vida una nueva manera de hacer las cosas a través del hábito de ejecutar las ideas.

Nos llenamos de frases como *"algún día lo haré"*, *"cuando tenga el tiempo lo haré"*, *"cuando tenga todo listo, ahora sí lo haré"*, pero terminamos por no hacer absolutamente nada, porque olvidamos lo que John Maxwell llama *"Ley de la Intencionalidad"*, que no es otra cosa que hacer posible las cosas, desde la perspectiva de que debemos tener la intención acompañada de un crecimiento personal que nos lleve a realizar lo que queremos.

Así hemos visto cientos o miles de proyectos personales fracasar, porque esperamos un mejor momento para hacerlos, sin darnos cuenta de que el mejor momento para comenzar a lograr es hoy, así que, si de pronto llega a tu mente una idea que debas hacer, un proyecto que desarrollar o un hábito que construir, comienza a hacerlo hoy mismo, quizás lo más difícil sea dar tan sólo el primer paso y ser consistente en seguir dando los siguientes pasos.

Entiendo que desde nuestra infancia pudiéramos haber aprendido a hacer las cosas evitando el error o el fracaso y que ese miedo nos impida llevar a cabo algo de inmediato; sin embargo, piensa cuántas ideas, proyectos o sueños has dejado de ejecutar porque sigues esperando la mejor oportunidad para hacerlo. En todos los casos es peor no hacer que intentar hacerlo.

Pongamos un ejemplo, el negocio inmobiliario está lleno de posibilidades, puedes tener un negocio que genere excelentes ingresos como: Asesor profesional inmobiliario, es decir, como intermediario, como consultor de inversiones inmobiliarias logrando que los propietarios de inmuebles y los tenedores de capital logren desarrollar proyectos relacionados con los bienes raíces, o bien, puedes ser inversionista en bienes raíces, ninguna de estas actividades es excluyente y una persona bien preparada para el logro podría llevarlas a cabo. Bien, parece una idea sencilla, la pregunta es ¿cuándo vas a empezar a trabajar en ello?

La respuesta es sencilla, **hoy comenzarás, ni siquiera lo dudo,** pero seguramente comenzarás también con esas preguntas acerca de *¿cómo lo hago?, ¿cuánto dinero necesito?, ¿qué debo hacer?, ¿necesito algún estudio o nivel educativo adicional?* Y si, aunque vivimos con el mito de que cualquier persona puede dedicarse a los bienes raíces, la dificultad mayor se presenta justo cuando queremos comenzar.

¿Qué necesitas para poner acción inmediata?, parece ser más doloroso el imaginar el fracaso que aprender de éste, cuando llevas a la práctica una idea, por más errática que haya sido te deja una experiencia, el no hacerlo solamente te dejará el miedo y el dolor de pensar que alguna vez pudiste haber hecho algo que te hubiera llevado a un mejor lugar que el que te encuentras hoy.

En las clases y charlas que he impartido, me gusta decir que un buen día alguien se despierta y dice: *"hoy seré asesor inmobiliario porque parece una actividad sencilla"*, y agregan: que no requiere de mucha inversión, permite ser realizada a ratos, a nuestro propio tiempo y ritmo y en ocasiones no exige un alto grado académico; pero la dificultad comienza cuando quieren poner su primera lona de venta, vaya que es difícil saber cómo ponerla, en dónde ponerla, qué debe decir, cómo hago para que sea vistosa, etcétera; sin embargo, con el paso del tiempo me he dado cuenta que hay algo más difícil y eso es el paso de lograr algo, esto es así, porque lo que nos cuesta trabajo hacerlo generalmente nos hace rendirnos al primer intento.

Una llamada de Trato Directo *"For Sale By Owner"* *(FSOB)* cuesta un trabajo enorme, el trabajo previo de buscar en la ciudad un letrero de esos, es nada, comparado con el trabajo de hacer la llamada y cuando contesta el propietario, todavía es peor, el miedo nos llega a paralizar y si no contesta nadie esa llamada, en tu cuerpo recorre una sensación de alivio inexplicable que solamente se desprende de ti con un liberador *"no me contestó nadie"*.

El punto aquí no es lo que digas en la llamada o lo que te diga el propietario en la llamada, sino lo que te dices tú antes, durante y después de esa llamada.

Cuando quieres hacer una llamada comienzas por querer hacerla, pensar en hacerla, tener un guión para hacerla, practicar con el espejo antes de hacerla, decidirte a hacerla, llamar más tarde porque quizás esté ocupado el propietario, hablar mañana porque hoy no estás preparado para hacer esa llamada o no te sientes bien y terminar varios días después sin haberla hecho y esto es, por todo eso que te dijiste, te presentaste las mejores objeciones posibles y te convenciste de no hacer la llamada, después de todo, sus razones tendrá el propietario para ofrecerla en "Trato Directo".

Queremos lograr resultados, pero no estamos dispuestos a pagar un precio por esos resultados, quizás este sentido de inmediatez que ha llenado nuestras vidas sea parte de este querer lograr sin hacer, obtener sin arriesgar y tener éxito fácil o sin ningún contratiempo.

Por eso este primer capítulo del libro es una invitación para animarte a que te atrevas, a que logres, a que hagas, a que arriesgues y que te des cuenta de que, en este camino, lo más sencillo es hacer, en lugar de solamente pensar en hacer o pretender hacer algún día.

Capítulo 2. "Creando Nuestras Metas"

"La gente con metas triunfa
porque sabe a dónde va".

Earl Nightingale.

Tenemos necesidad o anhelo de lograr grandes resultados, esto es, de conseguir llegar a nuestras metas. Si tú no tienes metas en el negocio inmobiliario es muy difícil que logres resultados; como dice la frase: "Si no tienes metas, ni te metas".

Y esto tiene que ver con que todos tenemos un lugar hacia dónde llegar, cuando tú te subes a tu carro sabes perfectamente hacia dónde vas a llegar porque desde que te subes tienes el fin claro, digamos que tienes el plan de vuelo claro. Y cuando tienes un plan de vuelo, lo más normal es saber hacia dónde vas a ir y justamente al desarrollar metas y objetivos tú vas a tener un mapa que te indicará hacia dónde quieres llevar tú vida, tu negocio inmobiliario, tus próximos meses o años de vida.

En cientos de entrenamientos, este primer ejercicio que hago con asesores inmobiliarios que van comenzando su carrera, nos permite evaluar por un lado porque no han tenido el éxito o resultados esperados y por el otro, resulta fundamental para tener claridad en cuanto qué es lo que tenemos que hacer.

Cuando tú tienes claro que es lo que quieres lograr, lo que tienes que hacer para llegar a ese punto, y desarrollas un mapa o ruta, es más sencillo que enfoques tus actividades en lo que verdaderamente te vuelve productivo.

Cuando tienes clara la cima, hacia dónde está ubicada y consideras aspectos climatológicos, de salud y de preparación física, es más seguro que logres llegar a la cima, que tan sólo pensar en ir algún día, o solamente pensar, sería bueno llegar algún día a una cima, la que sea, sin tener claro la meta o la cima.

En muchas ocasiones tener las metas claras, ayuda a definir las actividades o acciones que nos van a llevar a lograr esas metas, podemos obtener el enfoque de manera más sencilla y distinguir cualquier negocio cuando realmente sea bueno, es decir, teniendo metas, enfoque e intenciones claras, podemos tomar las oportunidades en cuanto se presentan.

En ocasiones cuando no tenemos las metas claras, carecemos de actividades claras y podemos hacer o puede parecer tu día *"muy ocupado"*, pero en la noche cuando vas a descansar sientes que no hiciste absolutamente nada y posiblemente cuando este comportamiento se repita por varios días o meses es posible que no tengas los resultados esperados, lo que hará que pierdas el interés por tu negocio inmobiliario.

Ahora bien, ¿qué metas son las que te debes de poner en el negocio inmobiliario? Aquí me gustaría compartirte antes una historia personal. Hace unos días en febrero del año 2020, con la intervención de dos grandes agentes y amigos Michel y Maricruz Martínez, (Realtors® de la región de Phoenix, Arizona, miembros de la oficina de *RE/MAX® Excalibur*) platique con Howard Lein, Broker Owner de *RE/MAX® Excalibur* que es una oficina enorme ubicada en la región de Scottsdale, Arizona, Estados Unidos de Norteamérica.

Howard, es una persona que verdaderamente sabe del negocio y que además ha sido muy generoso conmigo, y unas de sus primeras preguntas después de saludarme y recibirme en sus oficinas, fueron ¿Cuántos cierres tuviste el año pasado?, ¿cuántos cierres llevas hasta este momento del año? y ¿cuántos cierres esperas obtener al finalizar el año?, ¿cuántos agentes hay en mi oficina?, ¿qué tan productivos son?, entre otras.

Para un asesor inmobiliario, ya sea de muchos años de experiencia o que recién va comenzando, estas primeras preguntas abren un panorama respecto de porqué es importante tener metas y no sólo eso, sino saber evaluar tus resultados.

Así, dependiendo de la intención que tengas, voy a compartir contigo asesor inmobiliario algunas metas que pudieras tener:

1. *Número de captaciones:*
2. *Número de ventas o cierres:*
3. *Número de nuevos contactos:*
4. *Monto en ingresos mensual o anual:*
5. *Horas de capacitación en el mes o año:*
6. *Certificaciones, diplomas o designaciones obtenidas en el mes o año:*
7. *Número de citas para mostrar propiedades al mes o año:*

Los principales elementos para contabilizar en tu negocio inmobiliario son los nuevos contactos agregados a tu base de datos, las llamadas logradas, las entrevistas realizadas, las citas realizadas, las exclusivas obtenidas, las opciones o autorizaciones obtenidas, las lonas colocadas, los compradores atendidos, los recorridos realizados, las guardias en oficina realizadas, los contratos firmados, los cierres logrados, los ingresos obtenidos, las capacitaciones concluidas y el porcentaje compartido o referido de tu negocio.

También nosotros en la dinámica donde trabajamos en mis talleres presenciales agregamos metas personales, profesionales y familiares; entonces diseñamos una serie de metas de corto, mediano y largo plazo en donde arbitrariamente y lo tengo que decir así, hemos dicho que el corto plazo es a 3 meses, el mediano plazo está entre 6 meses a un año y el largo plazo está entre un año y medio y 3 años.

No tenemos metas más lejanas porque aún recuerdo cuando, en el año 2000 se creó un Plan para México que se llamaba México 2025 y hoy estamos en el 2020, nadie nos acordamos qué queríamos lograr y en el 2000 el plan 2025 verdaderamente parecía un gran plan de vuelo, pero fue tan a largo plazo que se nos olvidó, además de que no hubo mediciones de resultados y logro de acciones, pero esto es otro tema.

El caso es qué pasó con ese plan, en qué consistía, qué decía y yo recuerdo que cuando se hizo ese plan se tenía la mejor intención del mundo de que México fuera un país diferente y seguramente que hoy, a reserva de estar equivocado, no hemos cumplido las metas del famoso Plan de México 2025 y luego en 2007 el Plan con Visión al 2030, que también ya se olvidó con el paso de los años.

Muy bien entonces te invito a llenar el cuadro que te presento a continuación, con las metas que te plantees, quiero pedirte que ralles este libro, lo uses, lo hagas tuyo, para que pueda serte de utilidad en tu negocio y después de que escribas tus metas te voy a hacer la siguiente recomendación:

En algún momento de mi vida llegó a mis manos el libro de Grant Cardone, *"La Regla de Oro de los Negocios"* o *"La Regla 10X"* y este libro te aconseja que las metas que te propongas, las multipliques por 10, de esta forma en lugar de conseguir, por ejemplo $200,000 dólares al año, vas a ir por 2 millones de dólares al año, si esto te pudiera parecer una exageración y supongamos que no llegas a los 2 millones de dólares en ingresos al año, pero tienes más que $200,000 dólares, en este caso el libro habrá hecho grandes cosas por ti.

¿Y cómo es posible que puedas aumentar tus metas en 10?, ¿Qué tienes que hacer? en este caso lo que te sugiero de acuerdo este libro es que tomes acción masiva, es decir, que hagas las cosas; y por ahí en algún otro blog leí que además tu acción masiva tiene que ser imperfecta y cuando lo leí no lo comprendía, era una invitación a hacer las cosas mal, pero ahora lo entiendo todo, se refería precisamente lo que vimos en el capítulo anterior, si quieres esperar a tener todo perfecto para ahora si comenzar a tomar acción, esto no va a suceder; y en este blog lo que se proponía era que tengas acción masiva, que hagas muchas cosas pero que no te esperes a que sean perfectas porque después de que las pones en práctica tú puedes mejorarlas.

Escribe a continuación tus metas:

Corto Plazo (6 meses)	Mediano Plazo (1 año)	Largo Plazo (3 años)

Número de Captaciones:	Número de Captaciones:	Número de Captaciones:
Número de Ventas:	Número de Ventas:	Número de Ventas:
Número de Rentas:	Número de Rentas:	Número de Rentas:
Número de Nuevos contactos:	Número de Nuevos contactos:	Número de Nuevos contactos:
Ingresos:	Ingresos:	Ingresos:
Corto Plazo (6 meses)	**Mediano Plazo (1 año)**	**Largo Plazo (3 años)**
Logro Profesional:	Logro Profesional:	Logro Profesional:
Logro Personal:	Logro Personal:	Logro Personal:
Logro Familiar:	Logro Familiar:	Logro Familiar:

Capítulo 3. "Arranca o Relanza Tu Negocio Inmobiliario"

"El éxito en los negocios requiere entrenamiento, disciplina y trabajo duro. Pero no te asustes por estas cosas, las oportunidades son tan grandes hoy, como siempre lo han sido".

David Rockefeller.

El tercer capítulo del libro se refiere a cómo vas a hacer que tu negocio inmobiliario inicie o sea relanzado, está dedicado para personas que van empezando o quieren relanzar su negocio inmobiliario y que verdaderamente desean tener una idea de cómo empezar con el negocio inmobiliario.

Entonces resumiendo rápidamente el capítulo introductorio habla acerca de que te decidas hacerlo y el siguiente capítulo, que tengas un gran sueño para lograrlo y que tengas las metas claras, es decir un sentido de dirección y que es el sentido de dirección te haga realizar actividades que te pongan en el negocio y este tercer capítulo tiene por propósito justamente que nos pongamos a hacer aquello qué es lo que nos va a llevar a tener éxito.

Lo primero que te podría decir es que empieces por trabajar con tu círculo de influencia o círculo de poder o base de datos, el nombre que tú le quieras poner a esto.

Que no es otra cosa que identificar, registrar y contactar a las personas con las que has tenido contacto en algún momento de tu vida o que sin aún tenerlo, puedas comenzar por hacerlo, estas personas que conoces, que has conocido o que vas a conocer, son tus amigos, familiares y vecinos, las personas que te prestan algún servicio profesional, ex compañeros de trabajo o compañeros actuales de trabajo, todas esas personas alrededor de tu vida que tú has conocido y que sabes de ellos.

El primer consejo para poder organizar todos estos contactos es pedirte que vayas a la nube actualmente estos contactos los tenemos en los teléfonos inteligentes en diversos programas en la nube de Google© y ICloud©, todos estos programas que nos permiten tener los contactos en la nube.

Obviamente, también tenemos nuestros contactos en Facebook, Instagram o Twitter, en sistemas CRM, en correos electrónicos, o bien participamos (en el caso de México es muy común participar) en grupos de WhatsApp y todos estos contactos que vayas teniendo en tu vida te van a permitir que tu negocio se empiece a construir.

Ahora, ¿cuál es la manera correcta de contactarlos?, como ya lo comentamos si los tienes en la nube los puedes descargar puedes hacer un archivo en un programa como Documentos de Google© o lo puedes hacer en Excel© de Office©, con el programa que tu decidas, pero al final de lo que se trata es de lo siguiente:

Tú registras los contactos y empiezas a llenar la información, por ejemplo, cuál es su nombre, teléfono, correo electrónico, fecha de cumpleaños, posiblemente su fecha de aniversario, entonces ordenas y organizas la información para poder comenzar a llamarles.

La llamada tiene que hacerse bajo algo que he denominado el *principio de reciprocidad*. Este principio de reciprocidad funciona así:

Si yo te pregunto a ti ¿cómo están tus papás? posiblemente tú me digas bien y enseguida me preguntas ¿y tus papás cómo están?, si pregunto ¿cómo están tus hijos? posiblemente tú me respondas que están bien y me preguntarás por mis hijos, si yo te pregunto acerca de tu trabajo, posiblemente tú me respondas acerca de qué es lo qué haces actualmente y en reciprocidad, tú me preguntarás acerca de mi trabajo; este principio de reciprocidad es muy poderoso y lo voy a poner en este dialogo:

Hola Juanito Pérez hace mucho que no habló contigo recuerdo que tenías un negocio de pintura, ¿Aún lo tienes? Si su respuesta fuera afirmativa, yo le diría, me da mucho gusto porque yo trabajo en un negocio de bienes raíces y tengo clientes que en ocasiones requieren pintar sus casas, ¿pudiera pasar a visitarte a tu negocio para que me regales unas tarjetas?

Así cuando yo requiera que mis clientes pinten sus casas, quisiera referirlos para que compren la pintura contigo, sé que con tu experiencia me ayudarás a que compren los mejores colores que nos ayuden a vender las casas lo más pronto posible.

Esto logra al menos tres objetivos:

1. Que yo salude a mi amigo Juanito Pérez;

2. Juanito se dio cuenta, y ahora sabe, que podemos hacer negocios juntos que lo puedo recomendar y también él podría recomendarme; y

3. Tarde o temprano, como Juanito está enterado de que estoy en el negocio inmobiliario, pudiera necesitar de mis servicios, o bien recomendarme.

Al cerrar el dialogo con Juanito podré dejarle saber que si conoce a alguien que quiera vender o comprar a rentar una propiedad, le voy a agradecer que me pueda recomendar, debido a que existe siempre la posibilidad de que algunos de sus familiares amigos o compañeros de trabajo o empleados estén requiriendo ya de mis servicios, así que si sabes de alguien puede recomendarme.

Algunos asesores inmobiliarios tienen programas para regalar algo o dar una retribución económica a su círculo de poder por referirles clientes, aunque no es una práctica común.

Otro dialogo basado también en la reciprocidad, pero es un diálogo con una persona que tengo en un grupo de WhatsApp y no sé cómo se llama, ni a qué se dedica, pero por alguna razón estamos en uno de estos grupos que se usan mucho en México es el siguiente:

"Hola por alguna razón te tengo registrado o registrada en el grupo de deportistas que salimos a correr todas las mañanas y estoy actualizando información como no te tengo registrado o registrada quisiera saber cuál es tu nombre porque posiblemente si nos hemos visto corriendo, pero por alguna razón no he registrado tu número".

Este pequeño pretexto me da pauta para obtener un poco más información porque la siguiente pregunta importante es a qué te dedicas y supongamos que me vuelve a decir que se dedica a vender pinturas o tiene un negocio de pinturas, entonces usaré el dialogo que utilice con mi amigo Juanito Pérez.

Como podrás darte cuenta, hasta este momento me interesa acercarme a mi círculo de influencia y que la gente alrededor mío sepa que estoy en el negocio inmobiliario.

Supongamos que, en la revisión de tu base de datos, círculo de poder o circulo de influencia, como tú lo quieras llamar, te encuentras con una persona a la qué has visto frecuentemente, pero desconoces a qué actividad se dedica actualmente, entonces puedes hacer una llamada con ese diálogo.

Otro diálogo para contactar a las personas de tu círculo de influencia es:

"Hola (nombre de amiga o amigo), como sabes estoy en el negocio de bienes raíces y últimamente he estado actualizando mi información y por alguna razón, y eso si es lamentable, no tengo tu fecha de cumpleaños no sé porque después de tantos años de conocerte aún no tengo este dato y esto me apena mucho, pero nunca es tarde para remediarlo, pudiera saber ¿Cuándo cumples años?"

Y así empiezas un diálogo. En ese diálogo la persona se sintió reconocida, se sintió digamos hasta cierto punto halagada por qué piensas en ella, al mismo tiempo aprovechas para decirle que estás en el negocio inmobiliario y desde luego siempre tienes que ampliar tu alcance para decirle que puedes ayudarle a esa persona, a sus familiares, amigos, compañeros de trabajo, conocidos y vecinos.

Otros integrantes de tu circulo son las personas que te prestan servicios pero que no sabes si te pueden ayudar en punto dado en el negocio inmobiliario; entonces tú puedes hacer una clasificación de tus contactos en la gente que crees que te va a ayudar y de la gente que tienes dudas sobre si te va a ayudar o no y otra lista en la que vas a poner a la gente que confías que podrían ayudarte y a esta pequeña clasificación te ayudará a que puedas ir haciendo una base de contactos sólida y trabajando para ampliar tu círculo y alcance.

Este ejercicio te va a permitir comenzar una serie de contactos qué van a hacer ampliar tu red de negocios, te soy sincero después de muchos entrenamientos y platicar con las personas que han iniciado con su círculo de influencia nos hemos dado cuenta que algunos contactos que creíamos que no nos iban ayudar son los primeros que nos dicen que si nos pueden ayudar y lo hacen y por supuesto algunos de los contactos que pensamos que podrían ayudarnos no nos han ayudado absolutamente en nada.

Al final esto es muy bueno porque hay una frase que seguramente ya has leído de Jim Rhon, que dice que *"somos el promedio de las cinco personas que nos rodean"* así que cuida mucho de quiénes te rodeas y con quiénes quieres empezar o relanzar tu negocio.

Las personas con las que nos juntamos o nos reunimos, deben ser un fuerte pilar para la vida y los negocios, y cuando tu círculo de influencia no es bueno o no te permite llevar tu negocio a un nivel diferente, es muy buen momento de darte cuenta de que esto lo puedes cambiar, ampliar y mejorar.

Entonces, por qué no decirlo, si tu círculo de influencia no te ayuda a llevar tu negocio a un buen nivel o después de revisarlo no encuentras que pueda ayudarte a lograr un buen nivel en tu negocio o simplemente a iniciarlo o relanzarlo, empieza a construir nuevas relaciones que te permitan crear otro círculo de influencia más poderoso en todos los sentidos.

Al construir y crecer tu nuevo círculo de influencia te desharás de aquello que hasta este momento no te ha permitido crecer o llevar tu negocio inmobiliario en donde te gustaría que esté.

Acude a aprender nuevos idiomas, ve a nuevas clases, participa en asociaciones, cámaras y grupos de emprendedores, de crecimiento personal o de apoyo, inscríbete al gimnasio, participa en las reuniones de padres de familia, apoya a tu asociación de vecinos, participa en acciones de caridad o en una red de solidaridad y apoyo a la comunidad.

Desarrolla la habilidad de relacionarte con nuevas personas porque de esto depende tu vida y tu negocio, recuerda la frase de Dale Carnegie: *"Puedes hacer más amigos en dos meses interesándote sinceramente en los demás, de lo que puedes hacer en dos años tratando que los demás se interesen en ti."*

Cuando comienzas a trabajar con un círculo de influencia van a suceder varias cosas: la primera es que va a haber muchas personas que te van a ayudar, que te va a desear mucho éxito, en los entrenamientos presenciales pido a los asesores que hagan una pequeña publicación en su Facebook o Instagram diciendo que están empezando en el negocio y que están teniendo un super entrenamiento (normalmente pido que digan que están leyendo un libro o que están en un entrenamiento presencial y se tomen foto leyendo el libro o haciendo el entrenamiento), y que digan que les gusta mucho o que están aprendiendo mucho y de los mejores.

No sé si los participantes realmente estén aprendiendo y les esté gustando mucho, pero al final, junto con la persona que hace el ejercicio revisamos el promedio de sus publicaciones que han hecho de otras cosas o sobre otros temas y vemos qué en las publicaciones propuestas en mis cursos, hay más interacciones, más reacciones y más comentarios que en otras.

El resultado del ejercicio hasta el momento es que sus amigos de Facebook no sólo le dicen o desean que le vaya muy bien, sino también sabe que están en el negocio inmobiliario y de ser el caso, hasta recibe nuevas posibilidades de negocio.

Y como yo digo que no tengo actualmente un medio social para validar lo que tú haces y si estás trabajando en tu circulo de influencia, porque sería muy difícil estar preguntándole a tus vecinos, amigos y conocidos qué hiciste, tengo a mi alcance Facebook que ahora nos permite tener someramente un acercamiento para ver cómo está tu círculo social, con qué personas compartes interacciones, coincides en actividades, están al pendiente de lo que haces y así cuando nosotros hacemos este pequeño ejercicio, muchos de los asesores inmobiliarios empiezan a recibir comentarios en los que coinciden en que es bueno enterarse que están en el negocio inmobiliario.

Como ya lo dijimos, estas nuevas oportunidades de negocio se abren porque alguno de sus familiares, amigos o compañeros de trabajo de las personas que interactúan contigo en el Facebook quiere vender o rentar su propiedad, o simplemente dicen: *"yo quiero vender mi propiedad"*, *"estoy buscando rentar una propiedad"*.

Entonces si te das cuenta es algo muy sencillo, un ejercicio que realmente no implica un esfuerzo muy grande de parte tuya, salvo tomarte una buena foto, no requiere de un esfuerzo publicitario mayor, ni de mucho diseño, *(aunque si de algunos filtros para la vanidad)* porque simplemente es una foto en donde estás en el entrenamiento o leyendo el libro diciendo que, estás aprendiendo mucho de bienes raíces y en donde estás teniendo ideas geniales, para lograr grandes resultados en el negocio que ya tienes o que estás comenzando.

Si haces este ejercicio sobre tu negocio, te pido que por favor menciones el libro o a sus autores y de lo subas a tus redes sociales y nos platiques acerca de cómo te fue.

Por cierto, ya que mencioné los filtros en las fotografías de Facebook, quiero aprovechar para pedirte que cuando tomes fotografías de las propiedades, hagas el mismo o mayor esfuerzo que haces cuando subes tus selfis a Facebook o Instagram, toma los mejores ángulos, aplica los mejores filtros, busca la mejor iluminación, en fin, haz lo mejor posible, porque si el día de hoy entras a los portales inmobiliarios, el que decidas, verás las fotos de inmuebles más feas que las que nos toman los funcionarios del INE en nuestra credenciales para votar con fotografía.

Ahora, volviendo al tema, supongamos que ya empezaste hacer tus llamadas, que la gente empezó a decir: *"mi hija quiere comprar una propiedad"*, ¿Qué vas a hacer? Vas a registrar y pasar tus notas de que tu amigo Juanito Pérez quiere comprar una propiedad y vas a registrar qué es lo que busca, en dónde lo busca, que presupuesto, qué características son las principales, cuáles son las características que más le interesan y partir de ahí empiezas a darle atención y seguimiento.

Supongamos que te dice que si le interesan tus servicios y que quiere vender su propiedad, ¿Qué vas a hacer?, vas a programar una cita para conocer la propiedad, vas a ir a la propiedad, vas a tomar y revisar la información y documentación, vas a pedir que te firme los documentos, que tengas que ver más información o documentos de ser necesario, y si te das cuenta, no está complicado, lo único que necesitas, insisto mucho, por eso en el capítulo introductorio, es **la intención de hacer.**

En tus llamadas diarias registra lo siguiente:

¿A quién llamaste?	¿Qué te dijo?	¿Te dio una cita?	¿Qué busca comprar?	¿Qué quiere vender?	Próximo Compromiso

Capítulo 4. "Convirtiendo Tus llamadas en Negocio"

"Concéntrate en ser un recurso de alto valor para tus prospectos y clientes. Es tu única ventaja competitiva sostenible".

Jill Konrath

E l cuarto capítulo tiene la intención de referirse a cómo lograr hacer una llamada efectiva cuando estás en una zona de tu ciudad y ves un letrero que dice *"Trato Directo"* o cuando después de contactar a tu circulo de influencia te dicen *"quiero una propiedad en una zona determinada"* y haciendo un recorrido encuentras que en esa zona hay una serie de propiedades y muchas de ellas tienen un letrero que dice *Trato Directo*.

Estas lonas en donde el propietario vende directamente sus propiedades pueden representar un reto, es posible que las primeras ocasiones te paralices y no puedes llamar y cuando por fin llamas la primera respuesta que te dice el propietario es: *"no trabajo con asesores"*, *"por eso la vendo directamente porque no quiero pagar* comisiones" o lo que se te ocurra que te digan o te hayan dicho.

Este contexto debe ayudarte a comprender que una propiedad posiblemente tenga una buena fachada, pero una propiedad no solamente es el inmueble, también es el propietario, porque cuando tú decides ofrecer los servicios de intermediación vas a compartir tu tiempo y esfuerzo, tu vida en pocas palabras, con otra persona que tiene un sueño.

Entonces sabes que además de conocer la propiedad, te interesa conocer al propietario o a la propietaria y si esta persona realmente no es un buen cliente, mi pregunta es si valdrá la pena trabajar con esta persona y que se cumple la regla que dice "no todos son tus clientes" a la cual puedes aplicar la Ley de Pareto o regla 80/20, que dice que ochenta por ciento son tus clientes y veinte por ciento no lo son.

Entonces comenzamos con esta idea y cuando yo llamo digo: "Hola soy Karim Oviedo asesor inmobiliario, tienes tiempo de tomar mi llamada, vi que estás vendiendo una propiedad en X Colonia y por el letrero, creo que tú eres el propietario, y si eres el propietario, me gustaría pedirte una cita para conocer tu propiedad.

Aquí puede haber muchas preguntas en forma de objeciones, ese cliente posiblemente te diga: *"no quiero trabajo con asesores", "no estoy dispuesto a pagar comisión", "quiero una cantidad fija por mí propiedad y lo demás que quieras subirle al precio será tu comisión",* hay muchas objeciones que te pueden decir por teléfono, entonces lo que yo hago es pedirles que tengamos una cita en la propiedad y que conversemos ahí acerca de todas sus dudas y comentarios, porque lo que a mí me interesaría, más que iniciar un discusión, es ver si esa propiedad le puede interesar a uno de mis clientes.

Hay luchas, que no se deben de luchar, batallas que no se tienen que dar, guerras que no debieron haberse iniciado, y por una necedad se hicieron, ¿cuántas veces en nuestra vida no tenemos guerras incansables o interminables que no nos van a llevar a ninguna parte?

Justamente cuando tenemos estas objeciones respecto a tener una cita para conocer la propiedad, nos permitirán saber si vale la pena la propiedad y cuando me dan una cita, revisó si la propiedad realmente está en buen precio que está en buenas condiciones, que es una propiedad y permíteme decirlo así, *"que se antoja venderla"* y si reúne los requisitos, entonces si empezamos a trabajar con las objeciones.

En el mundo color de rosa de algunos asesores es frecuente que piensen que al llamar a un teléfono de trato directo suceda lo siguiente:

"Voy a llamar, el propietario me dirá que estaba listo para recibirme, comentará que fue el mejor momento para llamarle porque me estaba buscando o en espera de mi para pedirme que venda su propiedad, la cual está ahora en excelentes condiciones, cuenta con toda la documentación para que pueda revisarla y que está de acuerdo en el precio que yo como asesor inmobiliario le diga, sin importar los honorarios que le cobre, al final sabe y esta seguro el propietario que le venderé su propiedad, por lo que sólo es cuestión de que oprima una tecla del teléfono para estar de acuerdo en todo lo que le diga".

La realidad nos dice que no, que existe más probabilidad de que del otro lado de la línea ese propietario que tiene su inmueble a la venta con el letrero de *"Trato Directo"* ponga más objeciones y haga más preguntas que los clientes que te llegan referidos o recomendados y que tu posición inicial de negociación es diferente porque en los hechos tú estás pidiendo la posibilidad de ayudarle a alguien que no conoces *versus* cuando alguien te pide a ti que le ayudes a vender su propiedad.

Entonces, prepararte para las objeciones y saber responder las dudas es un buen ejercicio por practicar. Mi bisabuelo jugaba beisbol y me contaba mi bisabuela que debía prepararse para que le enviaran la pelota para poderla batear de home run o hit, hacer un toque y posiblemente fallar.

Así son las objeciones, es mejor que te prepares para tener un manual de objeciones, en el que las escribas, porque son frecuentemente las mismas; que tengas un dialogo poderoso para cada una de ellas en el que de buena manera sepas anticiparte a ellas y si no es posible, acusar de recibido las objeciones, hacer las preguntas adecuadas respecto de las objeciones, confirmar la respuesta esperada por parte del propietario y cerrar.

La objeción podría ser: *"No estoy dispuesto a pagar el 6% de comisión, otro asesor inmobiliario me cobra menos"* ahora, la respuesta a esta objeción es:

"Entiendo que quiera pagar menos honorarios, al final esto parece conveniente y me gustaría preguntarle, ¿si un profesional es incapaz de defender sus honorarios y la retribución por su trabajo, usted considera que podrá ayudarle a defender el precio de la propiedad, así como negociar y obtener un buen acuerdo para la venta? ¿Le ayudo a lograr un buen acuerdo por la venta de su propiedad?, ¡Podemos empezar hoy mismo!"

Ahora, ¿Por qué prefiero hacer una cita y hablar con el propietario?, porque es mejor dialogar personalmente que hablar por teléfono, porque por teléfono todos nos envalentonamos, nos volvemos valientes y si es por mensaje todavía más valientes, nos volvemos *"valientes de chat"* porque creemos que mediante mensaje escritos o por teléfono podemos decirle a la gente que no.

Pero ¿qué sucede cuando tenemos estas personas en frente de nosotros? la realidad es que no estamos entrenados para decir no, como seres sociales, sabemos que él **no** es un rechazo y nos cuesta mucho trabajo decir que **no,** porque socialmente el rechazo es muy fuerte; entonces, aprovechando este pequeño resquicio que existe, pide una cita y prefiere ver personalmente el propietario para decirle que puedes ayudarle a vender su propiedad en el mejor tiempo y en el menor tiempo posible.

Y más que preocuparte por qué le vas a decir en tu presentación, preocúpate más por lo que te tiene que decir el propietario acerca de su propiedad, de sus planes, el por qué la quiere vender, cuándo necesita que la propiedad esté vendida, si hay alguien que no la quiere vender, en cuánto la está vendiendo, porque llegó a ese precio, cuándo y cómo adquirió la propiedad, es el dueño o hay alguien más que debe intervenir, muchas preguntas que tendríamos que hacer, ya los propietarios que nos van a permitir ir conociendo la situación que los llevó al punto en donde estamos reunidos.

Déjame darte un ejemplo, cuando vas al médico y le dices que te duele la cabeza, éste tiene dos opciones, hay un médico que directamente te receta medicamentos para el dolor de cabeza y hay otro médico que puede preguntarte a qué hora te duele, con qué frecuencia, en qué parte de la cabeza te duele, este dolor es después de comer o antes, cómo te sientes cuando despiertas o cuando vas a dormir, haz tomado agua, podría revisar tu presión arterial, tú vista, tus oídos, pulmones, etcétera y al final recetarte los mismo medicamentos que el primero, igual útiles para el dolor de cabeza.

Tuviste frente a ti dos doctores uno que realmente hizo un diagnóstico y el otro solo se preocupó por darte la medicina, esta posibilidad de comparar seguramente te va a ayudar a concluir que sientes mayor confianza con el doctor que te hizo un diagnóstico, que te pregunto, que se interesó por saber tu situación y, a partir de ahí, determinar un tratamiento.

Cuando a mí me preguntan ¿qué voy a decir en mi cita de trato directo? normalmente les digo mejor preocúpate por que les vas a preguntar a los propietarios acerca de su propiedad y su situación porque a partir de estas preguntas vas a generar una confianza increíble.

En algún momento de nuestra vida hemos sentido cuando una persona tiene deseos de ayudarnos y ese sentimiento de cuando alguien nos quiere ayudar es un poco indescriptible, pero es una sensación en dónde te sientes seguro y confiado, en donde sientes que vas a poder tener una buena relación; y también, has tenido frente a ti a verdaderos *"vendedores sanguinarios"* en donde estás pensando en qué momento esta persona se va a provechar de mi situación o se va a lanzar sobre mi cartera.

¿En qué lado quieres estar?, en el lado de ser un apoyo y tratar de entender la situación y comenzar un camino que te va a ayudar a decirle a este cliente que te estás realmente interesado por su situación, no solamente como negocio sino personal o quieres estar en el camino en donde sólo vas a preocuparte más por la venta y desde luego, tu comisión.

Por esta razón es importante que en la primera cita escuches y mantengas una escucha activa, atendiendo con atención lo que te dicen y haciendo las preguntas correctas, en el momento adecuado. Esta acción la agradecerá tu cliente y tu negocio, porque cuando realmente te interesas por conocer acerca de su situación tendrás mejores herramientas para ayudarle y para lograr que tu cliente tenga confianza en otorgarte la exclusiva.

Con esta idea en mente y una práctica precisa de la escucha cerramos este capítulo acerca de cómo hacer o cómo aprender a hacer llamadas telefónicas y cómo acudir a una primera cita cuando hay un letrero que dice: *"Trato Directo"*.

Capítulo 5. "Presentación de Tus Servicios"

*"Tus productos, servicios o soluciones son
secundarios, comparados con tu
conocimiento, experiencia y la diferencia
que haces para tus clientes".*

Jill Konrath

En el capítulo cinco quiero compartir contigo algunas ideas acerca de cómo hacer tu presentación de servicios; y tu presentación de servicios tiene que ser de una manera tan elocuente y profesional que convenzas a las personas de que no darte la propiedad en exclusiva sería algo muy equivocado.

Déjame ponerte un ejemplo, de lo que me sucedió, alguna ocasión llovió muy fuerte en mi ciudad y se inundó mi oficina, por esta razón se daño el piso y tuve necesidad de cambiarlo, por lo que tuve que llamar a dos personas para que me ayudaran a cambiarlo y decirme, qué materiales necesitaba, cuánto me costaría cambiarlo y en cuánto tiempo lo harían, en pocas palabras, como decimos en México, pedí una cotización.

Llegaron dos diferentes personas que se dedican a colocar los pisos, uno me dijo que era un albañil, en cuanto llegó, me pidió una libreta, arrancó un pedazo de papel de la libreta y sin hacer cálculo alguno, o creo que lo hizo con la vista de águila milimétrica (porque debe tener una vista muy precisa), y me dio un aproximado de materiales y costo que tendría y tiempo que tardaría en cambiarlo. Así que se fue de la oficina no sin antes dejarme en un papel de mi libreta su cotización.

Después de este albañil, llegó otra persona que me dijo que era *"colocador"*, llegó con un uniforme, con un logotipo en su camisa, una tabla de madera para apoyar sus notas, un documento en donde tenía toda la información que debía pedir y en donde estuvo tomando notas acerca de mis necesidades, me preguntó cosas como cuándo era posible que pudieran trabajar sin tener personas en la oficina para evitar cualquier molestia, me preguntó acerca de si tenía estimado algún tiempo para que hiciera las reparaciones, sí tenía algún compromiso próximo que hiciera necesario que trabajara más rápido, qué tipo de piso quería poner, me pregunto si era importante revisar cual era la decoración que tenía la oficina, tomó medidas con un medidor profesional y desde luego hizo cálculo con una calculadora de su teléfono y me entrego una hoja de presupuesto, en donde me dijo el tipo de materiales, la cantidad a utilizar, el costo, el tiempo de entrega, las necesidades de limpieza y me pedía que se hiciera en horarios que no afectarían la operación normal de la oficina.

En este momento, independientemente del costo, del tiempo que tardaría en ponerlo y la cantidad de materiales a utilizar, sobra decir cuál fue mi decisión, ¿a quién hubieras contratado? Por que yo sin dudarlo, contrate al colocador.

Este ejemplo me ayuda a dejar claro que mientras más profesional te veas al ofrecer tus servicios va a ser más sencillo que te contraten, independientemente de si el costo por tus honorarios es más alto o el mismo.

Yo me siento más confiado con una persona que de manera profesional hizo todo lo necesario para saber cuáles son mis necesidades, que una persona que aún y cuando tuviera mucha experiencia, pudiera instalar muy bien el piso y además pudiera no fallar en el cálculo de materiales, pero que lamentablemente no me generó la misma confianza necesaria para contratarlo.

Y cuando hablamos acerca de la prestación de los servicios inmobiliarios, cuando quieres que te den una propiedad en exclusiva, quiero preguntarte ¿Qué es lo que tú quieres decir?, porque tienes dos opciones, la primera es llevarme de un punto A, a un punto B, es decir *"yo voy a hacer una serie de pasos y acciones para lograr un resultado esperado que es vender tu propiedad en el menor tiempo posible y al mejor precio"* y la segunda es, *"en mi oficina personalmente o alguien de mi equipo ya logró vender una propiedad similar a la tuya en esta zona o colonia y lo hizo realizando los siguientes acciones..., ¿Te gustaría que nosotros hagamos esto con tu propiedad?*

Entonces si vas a ofrecer tus servicios, además de una buena presentación profesional mejor que el *"colocador"*, trata de llevar a tu cliente de un punto A, a un punto B o al revés, comparte las acciones que harías a partir de un punto B, hasta llegar a un punto A, de tal manera que el cliente confirme y sienta confianza de que va a lograr ese objetivo común contigo.

Presenta con herramientas visuales el plan de marketing , esto va a demostrar al propietario que tienes un plan de trabajo, que de llevarse a cabo vas a lograr tener resultados, no omito decirte que también tienes que advertirle al cliente que es un trabajo en común, que es una actividad en conjunto en donde ellos van a poner de su parte, por ejemplo si se trata de una casa para que esté limpia, que esté disponible, que sirvan las llaves, las chapas, de ser necesario que esté en buenas condiciones, todo lo que sea necesario para poder mostrar la propiedad perfectamente.

Ahora bien, si tú ya te dedicas al negocio inmobiliario cuál es tu plan de marketing para obtener exclusivas.

A continuación, te comparto un listado de acciones de marketing que puedes integrar a un plan.

Si tuvieras que hacer un Plan de Marketing a 24 semanas, (6 meses de exclusiva) qué tipos de acciones llevarías a cabo y en qué semana las harías, puedes repetir acciones en distintas semanas si las vas a volver a hacer, de acuerdo con el ejemplo:

Acción o actividad	Semana
Presentar información y fotos en oficina para subir propiedad al CRM	*1*
Revisar información de propiedad y redacción en el CRM	*1*
Llamar al propietario	*Semanas 1 a 24. 1 vez a la semana.*
Enviar enlace de Propiedad Publicada en CRM a propietario	
Carta de solicitud de documentación (si falta algo)	
Colocar lona en propiedad	
Elaborar video de propiedad	
Diseño de volante y anuncio en Facebook y redes sociales	
Elaborar el perfil del comprador ¿Quiénes son y cómo y dónde encuentro a los posibles compradores de la propiedad?	
Compartir a compañeros en oficina	
Revisar cartera de demanda o compradores potenciales	
Enviar flyer a los propietarios para aprobación y comentarios	
Programar propiedad en recorrido	

Karim Oviedo y Rossy Moreno

Revisar visitas, redacción y publicación en diferentes Portales en Internet	
Presentar reporte a propietarios con ligas de la propiedad anunciada en diversos portales para comentarios.	
Facilitar tarjetas de presentación a los propietarios para los asesores externos o clientes que toquen a su puerta	
Entregar flyers y tarjetas personalmente a vecinos y comercios de la zona	
Colocar posters, pendones o lonas en comercios y alrededores	
Revisar limpieza de la propiedad	
Comenzar campaña de pago en Facebook y Google	
Repartir volantes alrededor de la propiedad	
Facilitar flyer digital a los propietarios	
Compartir información a compañeros asesores externos	
Enviar mail a cartera de clientes y grupos a, b y c.	
Recorrido en propiedad con asesores de oficina o externos	
Programar "Open House" y diseñar invitación	
Revisar funcionamiento de campaña de pago en Facebook Ads y Google Adwords	

Hacer informe mensual (con ejemplos de propiedades en competencia)	
Revisar y comprobar la publicación de anuncios	
Comprobar estado de lona en propiedad o zona	
Realizar "Open House"	
Tocar puertas alrededor de la propiedad para avisar sobre el "Open House"	
Entrega en mano del reporte mensual y del Open House, incluyendo los comentarios de compradores y asesores que visitaron la propiedad	
Llamadas a asesores colaboradores	
Colocar volantes en comercios de la zona	
Recordar exclusiva a compañeros en reunión semanal	
Solicitar información de colaboradores interesados	
Comprobar publicidad en portales	
Revisar y comprobar publicación de anuncios en Internet, Redes Sociales y otros medios.	
Análisis de propiedad con Bróker	
Revisar visitas y ofertas de compra de la propiedad	
Entrega personal del reporte mensual de	

actividades	
Revisión del precio	
Comprobar publicidad	
Avisar a posibles interesados y asesores sobre cambios en el precio o condiciones de la propiedad	
Llamada a asesores colaboradores interesados	
Repartir volantes a vecinos	
Enviar mail a Grupos A, B y C sobre cambios en el precio o condiciones de la propiedad	
Comprobar estado de lona	
Entrega al propietario del reporte mensual	
Avisar a asesores especialistas en la zona que aún sigue disponible, así como cualquier cambio de situación, condiciones o precio de la propiedad	
Recordar a compañeros sobre la propiedad	
Llamar a asesores colaboradores interesados	
Comprobación de estado de lona	
Reunión en la oficina con los propietarios y entrega de reporte mensual	
Comprobar publicaciones	
Ordenar reparto de 500 volantes	

Correo electrónico a posibles interesados	
Recordar a colaboradores	
Informe con conclusiones	
Reunión con el Bróker	
Reunión para petición de ampliación exclusiva	
Prepara reporte mensual (con ejemplos de competencia)	
Revisar y comprobar publicación anuncios	
Entrega en mano con firma del reporte mensual o final	
Reunión con los propietarios en la oficina	
Otras propuestas:	

Capítulo 6. "Propuesta Única de Ventas (PUV)"

"Cuando vayas a establecer tu PUV, métete en la mente de tu cliente. Si tú no te sientes atraído por ese producto o servicio, si no estás seguro de que tomarías la decisión de comprar, ¡lo más probable es que él tampoco lo hará!"

Álvaro Mendoza

En el capítulo seis quiero compartir contigo algunas ideas acerca de cómo lograr tener una propuesta única de ventas que responda a una pregunta muy sencilla: ¿Por qué te voy a contratar a ti?, o bien, ¿Por qué te voy a dar la propiedad en exclusiva y por qué no se lo voy a dar a otro o a todos los asesores para que la vendan?

Esta Propuesta Única de Ventas es lo que tienes que hacer para dar un aviso que haga realmente la diferencia y esto no se base en el precio, sino que ayude a comprender porque te voy a dar a ti mi propiedad y no al de a lado, porque te voy a elegir a ti, en lugar de la inmobiliaria de enfrente o dentro de más de 2,000 personas que están en tu ciudad haciendo la misma actividad.

Cuando eres capaz de dar esa respuesta, de decir porque tienes varios o un elemento diferenciador respecto de la competencia, en ese momento es cuando comienzas a dominar las exclusivas y al dominar las exclusivas comenzarás a dominar el mercado.

Dentro de esta Propuesta Única de Ventas además de ofrecer un elemento diferenciador, acércate a atender las necesidades de tus clientes, ofrecer varios servicios adicionales que pueden ser útiles para que tu cliente pueda vender o rentar su propiedad.

Déjame darte un ejemplo, una vez acudí a un llamado con una propietaria que me pidió le apoyara a vender su casa, esta propiedad había sido promovida por una inmobiliaria por varios meses y no la había podido vender, así que investigué un poco al respecto de esa propiedad y desde luego, pedí una cita para conocerla.

En cuanto llegué a la propiedad me di cuenta que tenía baños de color rojo, con una mala calidad tanto en pintura como en mano de obra, en medio de la sala había una ranura que cruzaba toda la sala llegado hasta el comedor y salía de la casa, porque se les había ocurrido que por ahí saliera el desagüe del Mini Split, los pisos estaban descuidados y se veían sucios, la cenefa de las recámaras estaba destruida, lo más increíble es que la propiedad no tenía más de 7 años de haber sido construida.

Con esta información, me entrevisté con la propietaria, quien me comentó que ella no vivía en la ciudad desde hacía 5 años y que la había rentado y la persona que rentaba la casa no le había dado ningún tipo de mantenimiento y que inclusive justo en cuanto vi la propiedad, la acaban de desocupar, llevándose los pocos arreglos que habían hecho y dejando un verdadero desastre.

Primero, le brinde confianza, le comenté a la propietaria que tenía un equipo que podría hacer esas reparaciones y que íbamos a lograr con una poca inversión vender su propiedad, pero debíamos pintarla completamente, arreglar cenefas y pisos, cambiar chapas y puertas que habían sido destruidas y arreglar el jardín que en ese momento parecía una selva en medio del desierto.

La propietaria accedió, se pintó, impermeabilizó, se arregló el patio posterior con un poco de piedra porque tenía solamente tierra, cambiamos las cenefas de los pisos para no cambiarlos, se repararon las ranuras y se colocaron en un lugar adecuado las salidas de agua del Mini Split, pusimos cierto material para que brillará un poco la piedra que estaba afuera de la propiedad.

Justamente cuando llevamos tres días de trabajo, lleve a una cliente, quien me dijo que veía fea la casa, que estaba muy deteriorada y necesitaba muchos arreglos, le pedí que me hiciera un favor, que si podíamos regresar a la casa en tres días más y que ella decidiera si la compraba o no.

Efectivamente regresamos el domingo y ese mismo día me dijo: *"la quiero comprar"*. Obviamente, al reparar la casa, ésta subió de valor, y con todos los arreglos realizados obtuvimos una mejor oferta de precio y principalmente en siete días vendimos la casa.

La propietaria quedó muy agradecida, porque además de ayudarle a vender la propiedad le ofrecí asesoría, le dije que de acuerdo a mi experiencia había que hacer reparaciones, le ofrecí apoyo por medio de un equipo de personas que hizo las reparaciones, lleve un cliente que quería comprar una casa para ponerla a la renta, es decir, la quería como una inversión, al cliente le explique cuál era la ganancia o retorno de inversión y logramos hacer el cierre.

El aprendizaje es que si tú ofreces una serie de servicios adicionales a lo que eres capaz de lograr para los propietarios y lo logras, vas a tener un cliente que te va a recomendar, porque esta persona no vivía en mi Ciudad, pero me ha recomendado en varias ocasiones con amigos y conocidos que han venido de la Ciudad donde ella vive y también me ha recomendado con los amigos que conoció aquí, cuando vivió en la Ciudad.

Cuando hagas o revises tu Propuesta Única de Ventas, también piensa en qué otros servicios adicionales puedes ofrecer a tus clientes para poder lograr los objetivos planteados, comprométete a lograr los resultados esperados como una forma de corresponder a esa confianza otorgada y recuerda lo que nos aconseja Dale Carnegie: *"El camino para llegar al corazón de otra persona es hablarle acerca de las cosas que más le importan."*

Capítulo 7. "Trabajando con Clientes Compradores"

"Crea un cliente, no una venta".

Katherine Barchetti

En el capítulo siete quiero compartir contigo una breve idea acerca del momento en el que ya tienes la propiedad para promoverla en exclusiva, cuando ya te la firmó el cliente y por fin la comienzas a promover y recibes las primeras llamadas de clientes compradores.

Cuando un cliente comprador llama es un proceso más o menos que suena así:

- Hola estoy llamando porque vi una propiedad que tiene un jardín grande

- Veo que tienes un departamento a la venta

Alguna vez has llegado a una tienda de ropa, como cuando las mujeres llegan a una tienda y preguntan así: *"vi que tienes vestidos"*, entonces la persona que está atendiendo en una tienda de ropa no dice, si y también tengo blusas, zapatillas, cinturones y accesorios, la persona que recibe a ese cliente buscando por vestidos le ofrece vestidos, en una primera instancia y de ser posible aumenta la venta posiblemente ofreciendo otros artículos que venden en la tienda.

Muchas veces cuando los asesores inmobiliarios reciben una llamada de compradores que dicen *"vi una casa que tiene un jardín grande"*, contestan ampliando la información, y dicen: si y tiene tres recámaras, está ubicada en la Colonia X, tiene dos baños, la cocina es integral. Entonces es algo así como: sí tengo vestidos y también blusas, zapatillas, faldas, etcétera.

Cómo te sentirías ante esta respuesta si lo que buscas son vestidos, seguramente pensaras, la persona que me atiende no comprende que quiero vestidos, no blusas, ni accesorios.

Entonces para evitar contestar mal la llamada si te pregunta por el jardín grande, continúa hablando del jardín grande, después de todo por eso lo menciona, porque es importante.

Hace algunos años antes de las tiendas de conveniencia, preguntabas al tendero de la tienda tradicional por lo que necesitabas, de tal manera que podías pedirle jamón y el tendero no te decía y también tengo pan, huevo, leche o dulces, porque que necesitabas era en lo primero que atendían.

Ten mucho cuidado cuando recibas la llamada de un comprador por una propiedad justamente, hablamos preguntando acerca de lo que nos parece importante y si te dice algo acerca del jardín muy grande, entonces enfatizamos en el jardín y después como si fueras el vendedor de una tienda de ropa puedes ofrecer blusas, pantalones, zapatillas, en el caso de los hombres, cinturón, carteras y lo que se te ocurra pero comienza por atender a tus clientes de esta forma, por donde les parece más importante comenzar la plática.

El otro consejo que te puedo dar cuando recibas una llamada o tengas un cliente enfrente, es que trates de averiguar un poquito más acerca de sus necesidades, ¿cómo sonaría una llamada que te hacen cuando tu respondes de la siguiente manera? Estoy llamando porque busco una casa de tales características, y cuando tú haces preguntas utilizando la empatía, podrías preguntar algo así como la ubicación, que es lo que está buscando, en qué presupuesto, por cuanto tiempo quiere rentar, cuántas personas van a vivir en la casa, entre otras preguntas y lo que yo te puedo aconsejar es que tu llamada sea lo más natural posible.

Utiliza diálogos que reafirmen lo que tu cliente busca, por ejemplo: "comprendo, estás buscando una casa en renta, ¿debe estar cerca de tu trabajo la casa que buscas rentar o prefieres que esté cerca de la escuela o trabajo de tu familia?, ¿qué planes tienes, vas a traer a tus hijos a la ciudad o solo vas a estar tú?, quisieras que quedara mejor la casa cerca de la escuela de tus hijos, ¿estás buscando casa en alguna zona cerca de la escuela de tu conveniencia?,

Entonces haz una serie de preguntas a través de un diálogo más amigable, en donde realmente demuestres interés por las necesidades de tu cliente, en lugar de simplemente hacer una serie de preguntas que te lleve a nada o a precalificar a tus clientes, pero superficialmente.

Tus clientes pueden ser auditivos, kinestésicos o visuales, imagina que un cliente te llama y después de escuchar la información de la propiedad te dice: ¡Suena interesante! Entonces tu respondes: ¡Perfecto, le enviaré más imágenes! Esto corta la comunicación con tu interlocutor.

Y luego nos preguntamos porque dejo de tomar mis llamadas el cliente. Bueno pues esa es una buena razón, psicológicamente nuestro cliente piensa: este asesor inmobiliario no me escucha. Le digo que suena interesante y me manda fotos. Le pregunto por el jardín y me dice que tiene cocina o baños o recámaras.

Capítulo 8. "Calificación de Clientes Compradores"

"Si quieres ser sabio, aprende a interrogar razonablemente, a escuchar con atención, a responder serenamente y a callar cuando no tengas nada que decir".

Johann Kaspar

El capítulo ocho trata acerca de cómo lograr calificar adecuadamente a un comprador, entender a los clientes para saber si ellos realmente tienen intención o tienen la posibilidad de comprar o rentar alguna propiedad.

¿Cómo puedes calificar a tus clientes?, cuando comienzas a platicar con ellos, te responden acerca de la necesidad que tienen, si les preguntas cómo van a hacer su inversión, si ya tiene un crédito autorizado, ellos de manera abierta te dicen que sí, que tienen un crédito autorizado, te comentan porque medio lo tienen autorizado y dan alguna otra información que te permite saber que ellos verdaderamente tienen ese presupuesto.

También, cuando preguntas acerca de cuándo tienen pensado hacer la compra, cuando te responden con evasivas, como apenas estoy viendo, lo voy a pensar, tengo que platicar con mi esposa o con mis papás, apenas estoy viendo, no estoy seguro de ir al banco porque no sé si me van a dar crédito, o todas estas respuestas que son evasivas, deben levantar en ti una ceja, deben hacer que pares oreja para saber si realmente vale la pena trabajar con ellos o si solamente estás perdiendo tu tiempo con un comprador que no sabes si quiere o puede comprar.

Imagina que vas al supermercado, tomas los productos y llenas los carritos con lo que necesitas, y llegas a la caja y dices: *"a mí me dijeron que en 5 minutos me autorizaban mi tarjeta de crédito y quiero esperar aquí los 5 minutos para poder comprar las mercancías que ya traigo en el carrito"*, esto parecería verdaderamente ocioso y poco inteligente.

Cuando tienes la intención de comprar algún bien o servicio con un crédito que en ese momento no tienes, lo primero que vas a hacer es preguntar a la persona que puede darte información del crédito acerca de qué tienes que hacer y posteriormente obtenerlo, ya con el crédito obtenido, podrás adquirir tu inmueble.

Si realmente quieres comprar tu casa, vas a hablar con tu asesor inmobiliario acerca de que necesitas obtener un crédito, el asesor te va a apoyar ya sea a través de un bróker hipotecario o un funcionario de banco para que puedas obtener ese crédito y posteriormente ya con un monto claro y la corrida financiera correspondiente en mente, podrás ofrecer opciones de casas.

Esto lo comparto porque en muchas ocasiones el cliente comprador *"quiere ver opciones"* antes de tramitar su crédito y esto lo único que puede lograr es que salgan las cosas mal, porque si por alguna razón le prestan menos dinero del que necesita, verá casas de menor presupuesto y no le van a gustar, o si alcanza un mayor crédito y no hay mucha diferencia en pagos, es posible que sea mejor que vea opciones de mayor valor.

Así que aprende a valorar tu tiempo y el de tus clientes, si aún no tienen el crédito para comprar, lo primero que debes de mostrar antes de una propiedad es la puerta del banco o de la oficina de un bróker hipotecario o la oficina de un funcionario bancario que le pueda brindar crédito hipotecario y ya después mostrar las propiedades.

Recuerda que siempre es importante preguntar y escuchar la respuesta a las preguntas que te lleven a tomar la decisión de cuáles son las necesidades de tus clientes, cuándo es el momento en que van a realizar la compra, si verdaderamente quieren comprar y si el comprador ha mostrado confianza en el proceso, porque si no le tienes confianza a esa persona realmente no estás preparado para vender y tu comprador tampoco está preparado para hacer esa compra.

Si tu no haces preguntas adecuadas para perfilar a tus clientes es posible que no puedas distinguir un curioso de un cliente y mostrarle opciones es posible que solamente sea una terapia para ver propiedades, para ocupar su tiempo, para no sentirse solo o simplemente para divertirse.

Hay clientes que ven los perfiles de los asesores inmobiliarios y ven como un camino fácil para acercarse a ellos y conocerlos el pedirles que les muestren propiedades, sin tener manera de comprar, así que aprovecha tu tiempo, se eficiente con él y aprende a perfilar a tus clientes.

Además de las preguntas tradicionales de ubicación, características y presupuesto, te comparto algunas preguntas que aconsejo hacerle a los compradores:

1. ¿Cuánto tiempo lleva buscando?
2. ¿Tiene una propiedad en venta?
3. ¿Cuándo tiene que mudarse?
4. ¿Cuántas viviendas ha visto?
5. ¿Está trabajando con otros asesores?
6. ¿Cómo apoyará su inversión con crédito hipotecario o de contado?
7. ¿Por qué no ha comprado ninguna propiedad todavía?

Capítulo 9. "Motivaciones de los Compradores"

"Los clientes compran por sus razones, no por las tuyas"

Orvel Ray

En el capítulo nueve quiero compartirte algunos secretos qué van a hacer que cuando tu ofrezcas las propiedades logres el objetivo, que es que a tus clientes compren la propiedad adecuada de entre cientos o miles de opciones de propiedades.

Conocer el mercado, es importante y esta habilidad debes unirla a la habilidad de perfilar a tus clientes, aprender qué preguntas son las correctas para entender sus intereses, necesidades y motivaciones, para lograr que las opciones que les enviemos sean, como decimos en México, *"las que cumplen con las 3 B"* (buena, bonita y barata).

Ahora bien, cuando nosotros nos cambiamos a una propiedad, lo hacemos por seis motivaciones principales:

1. Seguridad
2. Prestigio
3. Espacio

4. Ubicación

5. Situación económica

6. Tipo de construcción

Cuando tu cliente busca cambiarse por razones de **seguridad** y esta es la motivación principal, entonces encontrarás diálogos que comienzan precisamente con preguntas acerca de si la zona donde está la propiedad es segura, si la casa tiene equipamiento de seguridad, si cuenta con cámaras, alarma, vigilancia, seguridad privada, para ellos este es la principal motivación y debes ofrecer opciones que cumplan con esta motivación.

La motivación que tiene que ver con razones de seguridad en la zona es cuando ocurren muchos accidentes, robos u otros delitos, en ocasiones la zona presenta cierto deterioro en las calles que ha provocado daños en los vehículos por la falta de mantenimiento, esto hace que la colonia se vuelva vieja y todo eso genera inseguridad e incertidumbre respecto del patrimonio y la seguridad, por esta razón, se quieren cambiar

Cuando la motivación es por **prestigio,** los diálogos serán del estilo mis amigos, vecinos, compañeros de oficina, de negocio, socios o compañeros de la escuela de mis hijos, se cambiaron a una zona exclusiva de la ciudad y te quieres cambiar a esa zona exclusiva, al igual que los demás.

El cambio de propiedad por la motivación de **espacio** puede ser en dos sentidos, la propiedad ya le quedo pequeña o le quedó grande al cliente, se refiere a los espacios, puede haber adquirido la propiedad actual y ser de tamaño suficiente, pero en este momento su familia creció y le queda pequeña o viceversa, la familia ha disminuido, los hijos se fueron, ocurre el fenómeno del nido vacío los hijos ya viven en sus propias casas y necesita cambiarse a una propiedad más pequeña.

El negocio de tu cliente está en crecimiento y necesita expandirlo, requiere más espacio y por eso tiene esa motivación para cambiarse a un espacio más grande o viceversa, su negocio se ha reducido ya no necesita tanto personal o maquinaria y necesita menos espacio.

Otra motivación tiene que ver con la **ubicación**, la escuela de sus hijos y trabajo han cambiado y ya les quedan muy lejos, necesita cambiarse; sus clientes en su mayoría están en una zona distinta donde está su negocio y quiere acercar su negocio a dónde están los clientes.

Otra de las motivaciones tiene que ver con la **situación económica** de las personas, puede suceder que estén por perder la casa porque no pueden pagar la hipoteca, alguna ocasión un cliente puede decirte que necesita cambiarse de casa porque está pagando la hipoteca y es muy alta la mensualidad, o necesita cambiarse porque el mantenimiento de la propiedad es muy costoso, esta es una de las motivaciones más difíciles de transmitir por parte de los clientes y es una de las motivaciones principales de porque la gente se quiere cambiar.

Cuando tú conoces estas motivaciones de los compradores, entonces estás en una verdadera posibilidad de lograr mostrar las propiedades adecuadas porque ya conoces cuáles son las motivaciones principales, en muchas ocasiones nosotros decimos que escriban sus motivaciones y necesidades como si fuera un cartita a Santa Claus y te dicen quiero que tenga A, B, C, D... X, Y y Z características, cuando lo que en realidad están en busca de esa motivación y que tenga al menos 3 o 4 características que hagan habitable la propiedad o que haga funcional el negocio.

Pero como estás abriendo un abanico de motivaciones y necesidades, pues entonces lo hacen muy grande y muchas veces la verdadera motivación no tiene congruencia con la necesidad, es algo así como cuando la gente te pide una propiedad con jardín, alberca, cochera techada, seguridad privada, cámaras de vigilancia, toda la domótica posible, pero tiene un presupuesto muy bajo y dices yo quisiera que tuvieran las mayores características, espacios muy grandes, pero realmente el presupuesto no alcanza para eso, entonces lo que necesitamos es conocer cuál es la motivación de porqué se va a cambiar y centrarte en la labor de convencer al cliente acerca de cuál es la propiedad correcta, conforme a presupuesto, necesidades pero principalmente conforme a las motivaciones y claro, todos vamos a buscar una propiedad que esté por encima de nuestras expectativas, ¡Siempre!

Capítulo 10. "Cierre de Venta"

"Mantente cerca de tus clientes. Tan cerca que seas tú el que les diga lo que necesitan, mucho antes de que ellos se den cuenta de que lo necesitan".

Steve Jobs

En el capítulo diez, te quiero compartir algunos secretos qué van a hacer qué logres cerrar la venta, pero antes quiero llamar tu atención acerca de una situación en particular, cuando vas con un abogado a su despacho, el abogado no te dice *"te quiero vender un amparo o te quiero vender una demanda"*, un médico no dice *"te quiero vender una operación",* el dentista tampoco dice *"te quiero vender una extracción de muelas"*, así como tampoco el albañil *"te quiere vender la construcción de un muro",* o el arquitecto tampoco te dice *"te quiero vender un proyecto".*

Un profesional o experto, no trata de venderte un servicio o producto, sino justamente lo que quiere es decirte o enseñarte *"el siguiente paso".*

Así cuando tienes clientes que verdaderamente les interesa una propiedad ellos te dicen si me gusta la propiedad, qué es lo que debo hacer entonces. Cuando tengas un cliente frente a ti, lo que tienes que decir para lograr ese cierre exitoso es *"lo que sigue".*

Así harás frases que indiquen: *¿quieres que firmemos el contrato?, ¿te entrego los requisitos para poder hacer el contrato de arrendamiento?, ¿quieres que firmemos la propuesta de compra el día de hoy más tarde? ¿o lo prefieres mañana por la mañana?, ¿Te gustaría conocer los requisitos de arrendamiento respecto de esta propiedad?, ¿Sabes que podemos apartar esta propiedad con un cierto porcentaje?* todas estas frases llevan al cliente al cierre.

Algunas frases que no debes utilizar son *¿Te gustaría pensarlo?, ¿Quieres ver más opciones?, ¿Qué te pareció esta propiedad, cumple realmente con lo que buscas?,* estas 3 preguntas por más amables que parezcan, lo único que hacen es abrir un abanico de posibilidades para que el cliente se vuelva disperso, entonces qué va a ocurrir, el cerebro humano está en constante movimiento y cuando le dices *¿quieres ver más opciones?* significa ¡Tengo más opciones, tengo más posibilidades! Posiblemente tenga más opciones porque puede que no esté tomando la decisión correcta y si me pregunta que si quiero pensarlo ¡ah caray! pues *¿qué riesgo existe?*

¿Por qué tengo que pensarlo?, ¿qué hay de fondo que yo no he visto? ¿Te gustó lo que viste? ¿Por qué no habría de gustarme?, ¿qué hay en esta propiedad que no debería de haberme gustado?, ¿qué es lo que no alcance a ver que me están avisando acerca de mi gusto por esta propiedad?

Para lograr un cierre con los menores contratiempos y de manera exitosa, procura hacer indicaciones en lugar de preguntas; y estas indicaciones como a muchos no nos gusta que nos manden tienen que ser a manera de sugerencia.

La sugerencia puede ser algo así como: *¿quisieras que presentáramos la propuesta?, ¿te gustaría hacer el contrato?, ¿quieres que lleve los documentos de la propiedad a la notaría para que ya podamos hacer la venta?, ¿me pongo en comunicación con tu ejecutivo del* *banco para que podamos continuar con el crédito hipotecario?*

Capítulo 11. "Llegar en Orden a la Notaria"

"Concretar una venta es importante, pero lograr la fidelidad de los clientes es vital".

Stan Rapp

En el capítulo once te quiero compartir acerca de cómo lograr tener un cierre exitoso en la notaria y para tener un cierre exitoso, todo empieza desde la captación.

Cuando captaste la propiedad hiciste las preguntas correctas, revisaste la documentación del propietario, te cercioraste que todo estuviera en orden, leíste la escritura, consultaste con el notario si tuviste dudas, nosotros recomendamos que para llegar a un cierre exitoso a una notaría cuando tengas duda respecto de la documentación que te presentan los propietarios, te reúnas con alguno de los notarios con los que trabajes para que te apoye a revisar la documentación y que te explique si es posible o no llevar a cabo esa compraventa

Si es posible llevar a cabo la compraventa y si no tiene contratiempos va a ser algo muy sencillo y esto es lo que tenemos que hacer, porque cada una de las notarías tiene sus requisitos cada legislación señala lo que debe cumplirse, pero lo que por experiencia te podemos decir después de llevar algunas operaciones en diversos lugares del país es que básicamente lo que piden es no tener adeudos con el municipio o demarcación, ya sea por agua por predial, por aportaciones a mejoras, por contribuciones diversas, que tenga los servicios de energía eléctrica y agua cubiertos y al día, que tengas la manera de si es una casa habitación de poder exentar conforme a la Ley de Impuesto sobre la Renta y el reglamento de la Ley del Impuesto Sobre la Renta.

También deberás obtener la constancia, en algunos lugares le llaman folio real, en otros certificado de libertad de gravámenes o certificado de antecedentes registrales, en donde conste que el bien inmueble cuenta o no con gravámenes; y esos gravámenes pudieran ser hipotecas, prendas, embargos de tipo laboral, familiar, provenientes de juicios mercantiles, entre otros, entonces todo es acerca de limitaciones que tiene las propiedades y que conste que no hay gravámenes que impidan celebrar la operación.

Hay gravámenes en los que sí hay manera de que se reconozca que pueden ser pagados con una cantidad cierta y que en caso de que se les pague esa cantidad cierta, ocurra la cancelación de la hipoteca y esto en ocasiones puede hacerse en el mismo acto de la escritura, esto es muy común digamos que el 70% de las operaciones en donde interviene un crédito hipotecario es común que exista algún gravamen ya sea con un banco o con Infonavit en el cual se pueda cancelar.

La siguiente recomendación que hacemos aparte de saber que estén cubiertos los impuestos y derechos, así como las demás contribuciones que la propiedad tenga, de ser necesario, que se cumpla con la documentación catastral y de desarrollo urbano, como usos de suelo, certificados de valor catastral, altas de construcción por ampliaciones realizadas, licencias de construcción, constancias de terminación de obra, todo esto, que va a permitir que la escritura no tenga problemas, así como constitución de régimen de propiedad en condominio, toda esta información que te va a permitir llegar a la notaría de manera transparente, clara y precisa.

Además, asegúrate de contar con identificación de los propietarios, que estos puedan celebrar la compraventa, que no están impedidos legalmente para suscribir la compraventa, en algunos casos, si es un representante legal el que va a comprar o vender, que tenga bien acreditadas sus facultades en los correspondientes poderes y que estén esos poderes debidamente inscritos de ser el caso, en el Registro Nacional de Poderes.

En fin, también que hagas un inventario con toda la relación de los muebles que se van a dejar en la propiedad, contraseñas para accesos y manera de cambiarlas, si es el caso, accesos y claves o medios físicos para acceder; y si los equipos tienen garantía, que puedas pedir las garantías, si tienen un manual de instrucciones que puedas obtener el manual de instrucciones, que hagas una hoja acerca de la recomendaciones de cómo puedes cambiar los servicios, que también tengas un presente para el o los nuevos clientes que les recuerde que puedes apoyarle en cualquier tiempo.

Recuerda a los clientes que aproximadamente entre 2 a 5 meses dependiendo de la velocidad con que se hagan los trámites en tu Ciudad, vas a llamarles para recordarles que tienen que recoger la escritura debidamente firmada e inscrita en el Registro Público de la Propiedad y por qué no decirlo, es el mejor momento para solicitar testimonios y recordarles que puedes recibir recomendaciones o referidos.

Entonces, si quieres hacer un cierre adecuado, no hay más que tener todo listo, en algunos casos hay que llenar formatos para una ley que en México conocemos como ley antilavado y toda esa información que se tenga.

Capítulo 12. "Obtén Clientes Referidos y Repetidos"

"Hagas lo que hagas, hazlo tan bien para que

vuelvan y además traigan a sus amigos".

Walt Disney

En el capítulo doce quiero compartirte acerca de cómo lograr que tus clientes te recomienden, cómo haces para que después de haber atendido a los clientes, de haber entendido sus necesidades y de conocer su motivación principal, de acompañarlos y apoyarlos en un proceso, en donde ellos decidieron vender o adquirir una propiedad, puedan compartir con otros su experiencia e invitarlos a vivirla.

Un cliente que ya ha caminado o vivido una experiencia de servicio y que ha logrado su sueño, puede ayudarte a cumplir tu propósito de recomendarte y esto es muy conveniente porque un cliente referido viene en *"modo de compra"*.

En cambio un cliente nuevo, apenas vas a hacer tu labor, por eso debe ser muy importante para tu carrera profesional lograr una serie de clientes referidos y repetidos que te ayude a crecer tu negocio.

En tu plan de marketing, considera ejecutar acciones que te lleven a recibir recomendaciones de tus clientes anteriores y si haces tu trabajo bien, será una tarea muy sencillo lograr las recomendaciones de tus clientes anteriores y esto lo puedes hacer de diferentes maneras, una es directamente pidiéndole que te recomiende o haciendo una serie de acciones y estrategias que te permiten estar constantemente recordándole a esa persona que fue tu cliente que le puedes ayudar a conseguir una propiedad y estableciendo un programa de referidos en dónde por cada recomendación que te den, vas a dar un cierto regalo como por ejemplo una cena o vas a sortear un boletos para una actividad deportiva dependiendo del público que tengas.

Cuál es el mejor plan, eso depende de tu público, de tus clientes y lo que quieras lograr, en mi caso, hemos hecho dinámicas regalando pases para un spa, boletos para el beisbol, cenas románticas, canastas de vinos, botellas grabadas, tarjetas de regalo, en fin, solamente estoy dando algunos ejemplos que espero te puedan ser de utilidad.

Esos clientes que quieres que te recomienden tienen que sonar más o menos: así estoy pensando vender una propiedad. *¡No busques más! a mí me atendió mi asesor inmobiliario de una manera muy eficiente y te lo quiero recomendar, enseguida te comparto su contacto".*

Así tienen que escucharse nuestros clientes, porque insisto es una de tus mayores y mejores fuentes de negocios, los clientes que te recomiendan.

Por qué es importante tener clientes que te recomiendan, porque ya vienen en modo de compra y ya no los tienes que convencer de tomar una decisión de vender, comprar o rentar una propiedad, sino que tienes que reforzar esa decisión y hacer tú mejor esfuerzo, para atenderlos, además de avisarle al cliente que te los recomendó que ya los estás atendiendo y que agradeces su referencia y que los vas a apoyar gracias a su recomendación.

Cuando los clientes referidos o recomendados también logran su propósito, entonces tu logras incrementar y mejorar esa fuente de negocio que te da atender bien a tus clientes y lograr hacer que ellos te recomienden, pero es muy importante y lo tienes que hacer.

Tienes que decirlo y pedir a tus clientes que te recomienden porque una ocasión en un diplomado una participante muy segura de su buena labor me compartió: *"yo soy tan buena asesora y hago las cosas tan bien que mi trabajo habla por sí solo",* y si es bueno hacer bien tu trabajo, pero necesitas recordar a tus clientes que necesitas de ellos y sus recomendaciones.

En esa ocasión compartí el ejemplo de lo que sucedió en mi oficina con una asesora principiante que no había hablado con su familiar para decirle que le diera la promoción de la venta de propiedad en exclusiva y este familiar se la había ofrecido a medio mundo para que la promoviera, entonces después de que habla conmigo y que le digo que le pida expresamente que le firme la exclusiva, llega con su familiar y le pide que le firme la exclusiva y la respuesta fue tan simple: *"tú eres la que sabe, si me dices que debo firmarte la exclusiva pues así debe hacerse".*

Pero la asesora principiante ya había hecho un drama, se había enojado con su familiar, no lo podía creer, sino hasta que hablo con su familiar y le dijo lo que tenía que hacer fue hasta ese momento que se dio cuenta que a la gente le tienes que explicar y no dar las cosas por sentadas.

Lo mismo ocurre al atender clientes, tienes que decirles que te recomienden, de la manera en que quieras, en el tono que decidas y en el momento que consideres más adecuado, pero esto debes hacerlo siempre y formar parte de tus rutinas diarias.

Capítulo 13. "Equipo de Poder"

"Reunirse en equipo es el principio.

Mantenerse en equipo es el progreso.

Trabajar en equipo asegura el éxito".

Henry Ford

En el capítulo trece te quiero invitar a que tengas bien claro cómo vas a empezar con el negocio inmobiliario y por esta razón le he llamado **Equipo de Poder** porque quiero pedirte que consideres crear un equipo de personas que te ayuden y apoyen a crecer tu negocio.

Hace algunos años cuando empecé en este negocio tuve mis primeros maestros, que ahora comprendo no tenían mucha idea del negocio, pero que amablemente ofrecían ayudarme, según ellos, debía ser lo mejor contratar un CRM que me hacia una página web donde podía anunciar mis propiedades y el siguiente y último paso era volverme independiente.

También me recomendaron asociarme a una asociación y esto sí lo he seguido haciendo, desde que me afilie, nunca he dejado de pertenecer a una asociación y he formado parte de diversas asociaciones.

Estos maestros, tenían, digámoslo de manera decente, *"las mejores intenciones"*, pero no tenían una idea clara del negocio real de bienes raíces, solamente lo veían como autoempleo y esto será mejor que forme parte de tus nuevas creencias.

Esta es la razón de este capítulo, porque no necesitas ser independiente, sino ser interdependiente, porque muchas de las cosas que vas a preparar y programar tienen que ver con interacciones con otras personas que te brindan servicios, soporte y hacen más fácil tu trabajo.

Cuando me toco presidir una asociación lo que hice fue involucrar e integrar a la Asociación de Profesionales Inmobiliarios a otros profesionales, así invite a Brókers Hipotecarios, notarios, valuadores, promotores de ecotecnologías para el caso de Infonavit y todos ellos finalmente dan soporte, ayuda y respaldo para que puedas realizar mejor tu trabajo y crecer tu negocio.

Lo que hice fue pensar en los socios y compartir mi equipo de poder, pues ahora ellos podían contar con este equipo para hacer crecer sus negocios, y por esta razón en 2017 en un Congreso Nacional en Tabasco, recibimos un premio por crecimiento de socios que aún en el 2020 sigue creciendo, porque ahora los socios reciben esos beneficios y los han potenciado en distintas formas, aunque mi sección ya no ha vuelto a recibir ese premio, pero espero muy pronto que lo vuelva a recibir.

En nuestra oficina tenemos un gran equipo de poder, con quienes además nos actualizamos y tenemos capacitaciones para nuevos valores o nuevas tendencias en avalúos, también trabajamos y nos coordinamos con brókers que nos apoyan a gestionar créditos hipotecarios y también nos apoyan para conocer los nuevos productos hipotecarios y atienden a nuestros clientes de la manera correcta y más actualizada posible.

Esto desde luego beneficia a quienes formamos parte de la oficina, porque por lo menos una vez a la semana nos visitan valuadores, bróker y personal de notarias para compartir puntos de vista y actualidades del sector.

Esto ayuda no sólo a obtener avalúos más rápido, sino a contar con profesionales con quien compartir algunos comentarios acerca de determinadas propiedades que tenemos a la venta en un determinado precio y de acuerdo con su experiencia, hacerles consultas profesionales que nos ayudan a hacer mejor nuestros análisis de mercado comparado.

Esta forma de trabajar en equipo a todos nos ayuda porque también a los profesionales les interesa que la propiedad se venda y hacer de la mejor manera posible su trabajo y por esta razón platicamos con brókers hipotecarios con quienes también trabajamos en la oficina y principalmente colaboramos con 3 de los mejores hipotecarios que tienen más de 12 asesores hipotecarios o bien, cuentan con muchos años de experiencia en créditos hipotecarios y a ellos consultamos acerca de cómo podemos lograr que les autoricen los créditos a nuestros clientes y así hacemos un mejor perfilamiento, para saber cómo podemos hacer para que nuestros clientes obtengan la mejor hipoteca.

También trabajamos con un equipo de notarios con los que nos ponemos de acuerdo, trabajamos en equipo y a quienes también les hacemos consultas jurídicas respecto de algún documento o juicio y esto los exponemos con ellos para ver si es posible que se lleve a cabo la compraventa o que también nos apoyan a ratificar contratos de arrendamiento cuando por ley se exige que se haga ante fedatario público.

Así tenemos un equipo de poder en donde contamos con servicios de empresas que nos apoyan para lo que le llaman aquí en México póliza jurídica para que intervengan en caso de alguna controversia legal y que nos puedan apoyar y esos servicios están disponibles para nuestros clientes y nosotros también hacemos ocasionalmente consulta de expedientes o de personas para ver si son aptas o no.

También tenemos o en el Equipo de Poder una persona que se encarga de temas fiscales que nos apoya para lograr exentar o deducir el Impuesto Sobre la Renta, a ver cómo vamos a presentar la operación, el cumplimiento de la legislación antilavado, o como se va a realizar el pago del IVA en el caso de inmuebles con construcciones comerciales.

Ese Equipo de Poder también lo puedes tener para dar mantenimiento a las propiedades y así tenemos un equipo que se encarga de pintar, instalar pisos, arreglar detalles y de ser necesario también contamos con aliados constructores que son clientes y aliados al mismo tiempo.

Personalmente tengo clientes que requieren que se les construya una bodega o nave industrial o bien, una casa y hoy tenemos algunos despachos de arquitectos o constructoras que nos apoyan con estas cuestiones.

En fin, se trata de que puedas apoyarte con ellos y tus clientes se van a apoyar contigo y con esto podrás hacer de mejor manera tu trabajo.

También dentro de nuestro equipo de poder participamos en asociaciones civiles con las cuales ampliamos nuestra red de contactos y alcance respecto de asesores inmobiliarios. Pertenecer a una asociación en el área te ayuda a que puedas realizar negocios con más confianza en las personas con las que puedes trabajar de la mejor manera posible y si no lo hicieran pues tenemos el respaldo y apoyo de las asociaciones para que las cosas se logren hacer de manera correcta.

Desde luego como todas asociaciones hay errores humanos, hay personas que no debieran estar en ellas, pero finalmente es parte del error humano, como humanos, somos imperfectos, si perfectos conforme a la creación de Dios, pero imperfectos en las conductas, en ocasiones eso no depende mucho de nosotros, pero tratamos de tener una mayor confianza al estar participando en asociaciones civiles.

También dentro del equipo de poder no olvides contar con un instructor y capacitadores que te permitan apoyar a ti ya tu equipo a estar en constante actualización y capacitación.

Nosotros como oficina nos apoyamos de todo nuestro Equipo de Poder y organizamos semanalmente pláticas de una o dos horas dependiendo del tema para que los asesores estén capacitados constantemente y que se sientan apoyados por ese equipo de poder.

En este Equipo de Poder también visitamos a las autoridades, desarrolladores o constructores expertos para temas de desarrollo urbano, avalúos, temas legales, fiscales o financieros, de propiedades comerciales, en fin, hemos tenido en la oficina la participación de una asociación de lucha contra el cáncer de piel, que nos ha apoyado en temas muy importantes para los asesores que están trabajando en la calle y que necesitan tener protección en la piel.

Mientras más actualizados estemos nosotros en cómo hacer mejor nuestro trabajo, vamos a obtener mejores resultados y muy importante, este Equipo de Poder te apoyará a mantener una relación de confianza, amistad, liderazgo, presencia, imagen, apoyo y solidaridad, para que también ellos puedan trabajar contigo y se sientan confiados y alegres de poderte ayudarte cuando les pides que te den una mano.

Capítulo 14. "Propósito de Vida"

"La vida no trata de encontrarte a ti mismo. La vida trata de crearte a ti mismo".

Bernard Shaw

En el capítulo catorce del libro te quiero compartir porque es importante tener un propósito en la vida, porque cuando tienes muy clara la intención de lograr las cosas y tienes un sueño que hace que todos los días te levantes y quieras conseguirlo, tienes pasión por lo que haces.

Cuando verdaderamente te apasiona algo y te enamoras con tu vida y tu propósito de Vida y quieres lograr metas porque sabes que solamente a través de alcanzar esas metas vas a hacer que muchas personas logren sus sueños, en ese momento vas a empezar a tener mucho éxito.

Cuando logras que otras personas alcancen sus metas y tengan mucho éxito, entonces cada día serás la mejor versión de ti mismo. Por favor cuando atiendas a tus clientes agradece la confianza que están depositando en ti, porque esa confianza es fruto del esfuerzo de muchas familias que han dedicado toda su vida para tener ese inmueble.

Haz que tenga sentido tu vida al apoyar a otros a que vendan, renten o compren una propiedad, porque no solamente se trata de tu vida, sino la vida y sueños de otras personas o familias y cuando tú hagas tu trabajo con mucha pasión y se vea esa pasión, seguramente que la gente va a estar muy feliz y cuando estén muy felices con tu trabajo, te van a recomendar y cuando te recomienden vas a tener mucho trabajo y clientes, que seguramente generarán abundancia en tu vida.

Si eres asesor inmobiliario y por alguna razón no ha llegado la abundancia a tu vida, pregúntate en qué momento has dejado de ser feliz, en qué momento estás dejando de hacer las cosas para que la gente logre sus sueños, en qué momento estás privilegiando tus sueños antes que los sueños de los demás y cuando hagas este ejercicio, te vas a dar cuenta que el asesor inmobiliario lejos de ser solamente un profesional tiene ser un apasionado para lograr los sueños de otras personas.

Capítulo 15. "Hablemos de Libertad e Independencia"

"Es difícil liberar a los necios de

las cadenas que veneran".

Voltaire

Todo este libro no tendrá sentido sino tenemos una base que te quiero compartir en este capítulo quince, en donde te invito a que tú y yo tengamos un plan de trabajo y nos pongamos una meta verdaderamente grande y al tener esa meta grande, nos empecemos a sentir incómodos con lo que estamos haciendo.

Nuestro nuevo plan debe llevarnos a metas más grandes de las que tenemos actualmente y eso nos ayudará a seguir creciendo tan alto como nuestros sueñas quieras llegar, logrando cumplir con nuestras metas y actividades.

Cuando tuve oportunidad de dirigir una asociación platiqué con muchos asesores inmobiliarios y cuando platiqué con ellos, les preguntaba respecto de algo bien sencillo, *¿Cuál es tu plan de negocio?*, *¿Qué quieres lograr con ser asesor inmobiliario?*, *¿Cuál es tu idea del negocio?*

Entonces cuando platicaba con las personas, no entendía su plan de negocio, porque muchos planes de negocio me decían que parte de ese plan de negocios era ser independientes, entonces voy a llevar este ejemplo a un restaurante y la manera de pensar del asesor que solamente tiene como propósito de negocio ser independiente y no porque los quiera criticar simplemente es para que nos demos cuenta de que no tenemos un plan de negocios real.

Ese plan de negocios más o menos se ve así, imagínate que hoy cierro mi negocio inmobiliario y quito todos los cubículos y en lugar de cubículos, computadoras y mesas de reunión y escritorios, pongo sillas, mesas y una cocina para restaurante, y al convertirlo en un restaurante y pretender ganar el 100%, yo voy a comprar la comida, la prepararé, seré el encargado de atender en las mesas, limpiaré el restaurante, presentaré las declaraciones fiscales, llevaré la contabilidad diaria, haré marketing, elaboraré y cobraré la cuenta de los comensales y seré responsable de atender a cada uno de ellos, así como de serviles y prepararles la bebida que me pidan.

¿Cuándo realmente este será un negocio?, ¿cuántos clientes realmente puedo atender?, ¿valdrá la pena tanto trabajo para una ganancia del 100%?, ¿Qué tan lejos puede llegar?, ¿Qué tan grande puede ser el negocio?, ¿A cuántos clientes puedo alcanzar? Y finalmente ¿Realmente esto es un negocio o simplemente estoy ocupando mi tiempo?

Y partiendo de estas pláticas que tuve con muchos asesores inmobiliarios, me dije es momento de cambiar esta industria porque con esta visión de los negocios inmobiliarios ese realmente no es un plan de negocio y no va a ayudar a las personas a lograr su propósito de vida.

Realmente este concepto de negocio no te va a llegar muy lejos, como cuando nos decían en la escuela estudia y obtén buenas calificaciones, para que tengas un buen empleo.

Primero un buen empleo no te va a resolver el problema, segundo, si salimos más de 3,000 estudiantes de una carrera y solamente hay 100 empleos, por más buenos estudiantes que seamos seguramente no vamos a tener ese gran empleo que nos ofrecieron cuando éramos pequeños porque además es posible que ese empleo ya lo ocupe alguien que fue recomendado por otra persona y que no necesariamente tiene las mejores calificaciones.

Después de que hicimos todo un gran esfuerzo por terminar con las mejores calificaciones de la carrera, no logramos ese *"sueño del buen empleo"* y por tanto nos frustramos, porque estuvimos siendo inducidos a logra un buen empleo si obteníamos las mejores calificaciones, cosa que no sucedió, pero no por no ser los mejores, sino porque simplemente ese sueño o engaño, no podía lograrse.

Entonces terminamos frustrados y vemos doctores, abogados, ingenieros, arquitectos, haciendo todo menos lo que estudiaron y no porque sea malo, es simplemente porque la manera en que nos condicionaron no fue la correcta.

Lo mismo sucede con quienes tienen un plan de negocios de ser independientes, no es que sea malo, simplemente no es el enfoque correcto.

Quiero advertir que no dije que no estudies para tener un empleo, pero no hay tantos empleos y como egresados el premio a la calificación de 10 no siempre es el mejor empleo y cuando terminamos no conseguimos la medalla, es decir, no conseguimos el empleo y esto es porque en lugar de enseñarnos a tener y hacer nuestro propio negocio, nos conformamos con ser los mejores empleados.

Así sucede con el negocio de los *"independientes"*, el enfoque no es malo, pero no es el correcto, porque el fin de la carrera ya lo conocemos y francamente no me gustaría verte a los 70 años como asesor independiente, sino como inversionista.

Entonces cuando hagamos nuestro nuevo plan de negocios, debemos llevar una nueva mentalidad de empresario y me gustaría lograr contigo que al convertirte en empresario inversionista, obtengas buenos ingresos, y ahora sí, podemos hablar de libertad e independencia, pero desde una perspectiva diferente.

Entiendo que pocos van a llegar a este capítulo, pero si llegaste hasta acá, quiero que seas un muy buen asesor inmobiliario y que tengas un buen inventario, que te dediques con pasión a lo qué haces y que a través de tu trabajo tengas buenos ingresos y cuando tengas buenos ingresos comiences por hacer ahorros y después inversiones, en donde mí compromiso es apoyarte en ese proceso, porque cuando tengas buenos ingresos y ahorros vas a poder invertir y entonces sí, podemos hablar de libertad y de independencia.

Mientras tanto si sigues trabajando como lo has hecho o si pensabas trabajar como independiente e ir por el cien por ciento de comisión, realmente eso va a ser un grito de libertad, pero no vas a hacer verdaderamente independiente.

Muchas gracias por tu lectura, por el tiempo dedicado este libro espero que te sirva para tu negocio inmobiliario y que consigas tus sueños.

Capítulo 16. Ejercicios Prácticos

E n las sesiones presenciales, al mismo tiempo que tenemos las sesiones de aprendizaje, ponemos en práctica lo aprendido y realizamos los ejercicios para avanzar hacia los resultados, de ser necesario practicamos o escribimos lo que resulte más benéfico para el momento.

Así, trabajamos para lograr metas e ir creando hábitos y esos hábitos no llevarán a tener resultados, los resultados son el objetivo de este libro.

A continuación, responde las siguientes preguntas:

1. ¿Qué esperas lograr con tu negocio inmobiliario en 6 meses?

_____

_____

2. ¿Qué resultados esperas lograr con tu negocio inmobiliario en 1 año? _____

_____

3. ¿Qué logros consideras tener con tu negocio inmobiliario en 3 años?

_____

_____

4. ¿Cómo crees que debe ser tu negocio inmobiliario en   5   años?

_____

_____

5. ¿Qué opinión tienes respecto del dueño de un restaurante que tiene 0 empleados, 10 mesas para comensales, que él mismo prepara la comida, lava los trastes, prepara las bebidas, atiende a los clientes, limpia el restaurante, hace la contabilidad y se encarga de llevar el marketing? _____

_____

_____

6. ¿Qué tan lejos puede llegar este negocio?, ¿A cuántos clientes puede atender ese negocio?, ¿Realmente es   una   idea   de   negocio?

_____

_____

_____

7. De considerarlo así, ¿cuál crees que sea la diferencia entre ese negocio de restaurante y tu negocio inmobiliario? _____

_____

8. Escribe una breve lista en donde consideres están tus primeros o principales clientes. _____

_____

_____

_____

9. ¿Alguna vez has descargado tus contactos de tu teléfono a un archivo o programa solamente con el propósito de saludarlos y saber de ellos?

_____

_____

10. ¿Después de llamarlos haz lograrlo decirles que estás en el negocio inmobiliario? _____

11. ¿Sabes cómo descargar tus contactos de *"la nube"* para ponerlos en un archivo que te permita ir escribiendo los avances que tienes con cada uno de ellos?

_____

_____

12. Además de nombre, teléfono, fecha de cumpleaños, correo electrónico, nombre de su hijo o hijos, esposa o esposo y redes sociales, ¿Qué otro dato de interés puede tener tu base de datos de tu círculo de influencia y clientes? _____

_____

_____

13. ¿Consideras que actualizar tu base de datos y obtener información de tu círculo de influencia es una tarea de   un   asesor   inmobiliario   profesional?

_____

_____

14. Además de asistir a cursos de capacitación, acudir al gimnasio, tomar clases de idiomas, participar en actividades de beneficencia, formar parte de asociaciones, participar en medios de comunicación, desarrollar y generar más contactos e interacciones en tus redes sociales, ¿Qué otras **3 actividades** podrás realizar para incrementar tu círculo de influencia? _____

_____

_____

_____

_____

15. Si te pagaran un millón de dólares por escribir un diálogo para hablar con familiares, amigos y conocidos poniendo en práctica el principio de la reciprocidad, ¿Qué diría? Escríbelo:

_____

_____

_____

_____

_____

16. Si hablaras con tus familiares, amigos y conocidos utilizando *"el diálogo del millón de dólares"*, ¿Cómo registrarías el resultado de cada conversación?, ¿Qué información consideras que fuera importante?, ¿Cómo sería ese formato o base de datos?

_____

_____

_____

_____

_____

17. Si de esa conversación resulta que alguien de tus contactos necesita de tus servicios, ¿Qué harías?, ¿Qué dirías? _____

_____

_____

_____

18. ¿Registrarías los avances que hayas tenido con tus familiares amigos y conocidos en tu hoja de seguimiento?, ¿Cómo lo harías?

_____

_____

_____

19. Si te pidiera anotar al menos 20 teléfonos con la leyenda de Trato Directo (FSBO), ¿Qué harías para lograrlo?

_____

_____

_____

20. Del siguiente diálogo para llamadas de trato directo, en donde **_sólo quieres una cita para conocer la propiedad y al dueño_** ¿Qué podrías mejorar?

- *Hola soy **Karim Oviedo,** asesor inmobiliario, me enteré de que estás vendiendo una casa, ¿tienes tiempo de tomar mi llamada?*

- R=Si. *Continua.* R= No. *¿Te puedo llamar más tarde en 2 horas te parece bien o prefieres mañana por la tarde a las 4:00 p.m.?*

- *¿Eres el propietario?*

- R=Si. *Continua.*

- ¿Pudiéramos hacer una cita para conocer tu propiedad?

R= No. ¿Eres asesor inmobiliario?...

_____

_____

_____

_____

_____

_____

21. ¿Qué tan de acuerdo estás con esta afirmación?: El mundo es color de rosa, cuando llamas a un propietario de trato directo, el 100% de ellos te dice: *"Ven en cuanto puedas, porque quiero que vendas mi propiedad, no tengo objeciones para hacerlo y te daré la exclusiva, es lo que estaba esperando, tan sólo era cuestión de que me llamaras, tengo los documentos a la mano y la propiedad está lista para que tomes fotografías y vídeo".*

Totalmente en desacuerdo _____ En desacuerdo _____ De acuerdo _____ Totalmente de Acuerdo _____

22. ¿Cuáles son las 5 principales objeciones de un propietario de trato directo? _____

_____

_____

_____

_____

_____

_____

_____

_____

_____

23. ¿Cómo lograrías convertir cada una de esas objeciones en una oportunidad para obtener la exclusiva?, Si tuvieras que asentir, después preguntar y luego contestar ¿Qué diálogos usarías para cada una de ellas? *Ejemplo: (A) Comprendo que no quiere pagar el 6% de comisión y que su amigo le ofrezca cobrar menos, (P) ¿Considera que un profesional que no es capaz de defender su comisión u honorarios será capaz de ayudarle a negociar el mejor precio por su propiedad?, (C) Usted quiere obtener el mejor precio y lograrlo en el menor tiempo posible. ¿Podríamos comenzar a promover su propiedad hoy mismo?*

_____

_____

_____

_____

_____

_____

_____

_____

_____

_____

24. ¿Practicar los diálogos para cada una de las objeciones ayudará a mejorarlos? Si escribes las objeciones y los diálogos para cada una de ellas y además todos los días los practicas, como lo hacen los jugadores profesionales, ¿qué resultados puedes esperar?, ¿Describe en 5 pasos qué harías para hacer tu propio manual de objeciones? _____

_____

_____

_____

_____

25. Te han ofrecido pagarte una suma estratosférica por elaborar 3 diálogos para presentar tus servicios en exclusiva, y convencer a los clientes de que los puedes llevar de un punto A, hacia un punto B, en donde el punto A es el inicio y el punto B es el objetivo logrado, explicando paso a paso, pero sin mucho detalle, como vas a vender o rentar su propiedad en el menor tiempo y al mejor precio posibles.

El primer diálogo explica paso a paso, pero sin mucho detalle, qué harás para llegar desde el punto A hacia el punto B.

El segundo diálogo comienza desde B, es decir, comienza por el logro obtenido y concluye con el inicio, que es el punto A

El tercer diálogo consiste en presentar a través de una herramienta audiovisual cómo vas a lograr B, sin importar si inicias desde el punto A o inicias desde el punto B.

Iniciar por el principio, es decir por A no es complicado, comenzar por B, es decir que ya alguna vez llegaste a B y explicar sin detalle todo lo que hiciste para lograrlo. Es decir, que hace unos meses tú, tu equipo o tu oficina lograron vender una propiedad similar a la de tu cliente y para lograr eso hicieron varias cosas paso a paso hasta llegar a hoy en día en que estás presentando tus servicios.

Diálogo 1. _____

_____

_____

_____

_____

Diálogo 2. _____

_____

_____

_____

_____

Diálogo 3. _____

_____

_____

_____

_____

26. Cuando llama un cliente comprador comienza llamando por lo que necesita o le interesa, ¿Cómo haces para percibir las necesidades de tus clientes?

_____

_____

_____

_____

28. Cuándo descubres las necesidades de tu cliente ¿le hablas sobre esa cualidad o sobre cualidades adicionales?

_____

_____

29. Imagina que una mujer entra a una tienda de ropa y pregunta por una blusa y el vendedor le dice qué si tiene blusas, pero que mejor le muestra los vestidos, bolsas y zapatos que acaban de llegar, ¿realmente quiere vender la blusa o solo quiere vender, lo que sea, sin importar lo que diga el cliente? _____

_____

_____

30. ¿Cómo sabes si la persona que te está llamando sólo es un curioso o si realmente es un cliente? _____

_____

_____

_____

31. ¿Qué tipo de preguntas harás para saber si realmente es un cliente, si sólo es un curioso o sí es un cliente futuro que necesitas incubar? _____

_____

_____

32. ¿Cómo sabes que tu labor ayudará a tus clientes a encontrar la propiedad correcta, la propiedad que están buscando y necesitan? _____

_____

_____

33. ¿Cómo un médico te habla respecto de lo que sigue?, te dice, por ejemplo, *"necesitas una intervención"*, y te explicará en qué va a consistir, en los posibles tratamientos, tiempo de reposo, etcétera, también cuando consultas a un arquitecto te dirá de manera profesional que es lo que sigue. Todos alguna vez hemos comprado o vendido. Desde tu experiencia, ¿consideras qué un cerrador profesional dedicado al negocio de bienes raíces debe ser capaz de indicarle a sus clientes solamente el siguiente paso y posteriormente explicar en qué va a consistir?, ¿O necesita decir, como el médico cómprame una cirugía para que el cliente compre?

_____

_____

_____

_____

_____

34. Desde tu perspectiva, ¿Consideras que un asesor profesional inmobiliario puede utilizar las siguientes frases para lograr cerrar?:

a) ¿Quiere que presentemos una oferta para comprar la propiedad?

b) ¿Quiere que firmemos el contrato (puede ser el de compraventa o promesa de compraventa)?

c) ¿Llevo los documentos a su banco para que comencemos el proceso?

d) ¿Me enviará más tarde por correo los documentos necesarios para firmar el contrato de renta o prefiere enviarlos a mí oficina?

Selecciona SI, si estás de acuerdo con la pregunta y NO, si estás en desacuerdo con la pregunta. *a)* SI | NO - *b)* SI | NO - *c)* SI | NO - *d)* SI | NO

35. ¿Qué información necesitas para presentar una propuesta de compra? _____

_____

_____

_____

_____

_____

_____

_____

36. Elabora una lista de documentos e información necesaria para presentarte en la notaría pública para cerrar de manera correcta una operación inmobiliaria. _____

_____

_____

_____

_____

_____

_____

_____

_____

_____

_____

_____

_____

_____

37. ¿Cómo vas a solicitar a tus clientes que firmen o escriban una carta en donde recomienden tus servicios?

___

_____

_____

_____

_____

_____

38. ¿Cómo haces vas a hacer el seguimiento de esos clientes a los que ya les vendiste o rentaste y cómo vas a lograr que te sigan recomendando?

_____

_____

_____

_____

_____

_____

39. ¿Cómo puedes lograr que tu círculo de poder te ayude a cerrar más ventas? _____

_____

_____

_____

_____

_____

_____

_____

_____

_____

40. ¿Recomendarías este libro?, ¿Cuál consideras que fueron los **3** ideas, sugerencias o consejos que te serán útiles   en   tu   vida   o   negocio   inmobiliario?

_____

_____

_____

_____

_____

_____

_____

_____

_____

_____

_____

Capítulo 17. La NOM-247-SE-2021

"Personalmente, me gustan sobremanera las fresas con crema; pero por alguna razón misteriosa los peces prefieren las lombrices. Por eso, como cuando voy de pesca no pienso en lo que me gusta a mí, sino en lo que prefieren los peces, no cebo el anzuelo con fresas y crema. En cambio, balanceo una lombriz o saltamontes frente al pez y le digo: "¿Te gustaría comer esto?"

Dale Carnegie.

Tomado del Libro Como Ganar Amigos e Influir en las Personas

A manera de actualización sobre el negocio inmobiliario, comparto la experiencia de haber encabezado el equipo de la AMPI en la difusión, la coordinación con la PROFECO y el registro de contratos de adhesión para la intermediación inmobiliaria, a instancia de nuestra Presidente Nacional la Lic. Florencia Azalea Estrada

Lázaro, a quien quiero dedicar esta actualización del libro, por ser una mujer líder que supo llevar a AMPI en una etapa en donde rompió paradigmas, cimbró los cimientos de la organización e inspiró a muchos para contribuir en el cambio radical en la Asociación.

La Norma Oficial Mexicana NOM-247-SE-2021 (NOM), establece requisitos informativos para la comercialización de bienes inmuebles destinados a casa habitación, así como los elementos mínimos que deben contener los contratos de compraventa de dichos bienes inmuebles, y tiene como finalidad garantizar la protección efectiva de los derechos de los consumidores de estos servicios. Pero antes, hagamos un poco de historia para entender mejor la necesidad de contar con esta Norma.

Mediante Decreto publicado en el Diario Oficial de la Federación el 22 de diciembre de 1975, se promulgó la primera Ley Federal de Protección al Consumidor en México, que en su Primer artículo transitorio estableció que entraría en vigor a partir del 5 de febrero de 1976, y con la cual se crea la Procuraduría Federal del Consumidor, como la encargada de proteger los derechos de los consumidores.

Posteriormente mediante Decreto publicado en el Diario Oficial el 24 de diciembre de 1992 se expidió una nueva Ley de Protección al Consumidor, que en su artículo 73 establecía que los actos relacionados con inmuebles sólo estarán sujetos a esa Ley cuando los proveedores sean fraccionadores o constructores de vivienda destinadas a casa habitación para venta al público. Además, incluía el arrendamiento en el Distrito Federal, sin embargo, esta última facultad de PROFECO ha sido derogada, por lo que en rentas no es competente este órgano de gobierno.

ARTICULO 73.- Los actos relacionados con inmuebles sólo estarán sujetos a esta Ley cuando los proveedores sean fraccionadores o constructores de viviendas destinadas a casa habitación para venta al público o cuando otorguen al consumidor el derecho a usar inmuebles mediante el sistema de tiempo compartido, en los términos de los artículos 64 y 65 de la presente Ley. Asimismo, esta Ley es aplicable a los arrendamientos de inmuebles destinados a casa habitación en el Distrito Federal, en cuyo caso el arrendatario se considerará como consumidor y el arrendador como proveedor.

Esta imagen ha sido tomada directamente de la publicación original del Diario Oficial de la Federación, a la fecha ha sido modificada, para quedar como sigue:

*"**Artículo 73.** Los actos relacionados con inmuebles sólo estarán sujetos a esta ley, cuando los proveedores sean fraccionadores, constructores, promotores y demás personas que intervengan en la asesoría y venta al público de viviendas destinadas a casa habitación o cuando otorguen al consumidor el derecho de usar inmuebles mediante el sistema de tiempo compartido, en los términos de los artículos 64 y 65 de la presente ley.*

Los contratos relacionados con las actividades a que se refiere el párrafo anterior deberán registrarse ante la Procuraduría."

Mientras que los contratos de adhesión estaban referidos en el artículo 75 de la ley.

El 04 de febrero de 2004, se publicó el decreto que reformó la Ley de Protección al Consumidor y mediante acuerdo publicado el 24 de noviembre de 2004 se publicó el Acuerdo por el cual se dan a conocer los modelos de contrato de adhesión en materia inmobiliaria, en cuyo Anexo III, se dio a conocer el Contrato de prestación de servicios de intermediación para la compraventa de inmuebles destinados a casa habitación.

Del año 2004 al 2021, se publicaron, reformaron, abrogaron y derogaron diversas leyes y disposiciones relativas a las operaciones inmobiliarias, por lo que al menos en intermediación inmobiliaria, se tenía un rezago importante, aunque en el año 2010 se había modificado los anexos I y II del acuerdo del 2004, esto no significaba una importante actualización en materia de cumplimiento normativo, como la ley antilavado, la de extinción de dominio, la de protección de datos en posesión de particulares, entre otras.

De tal manera que era necesario actualizar los contratos de adhesión y la vía que se encontró fue a través de la Ley de Infraestructura de la Calidad, publicada en el Diario Oficial de la Federación el 1º de julio de 2020, la cual abrogó la Ley Federal sobre Metrología y Normalización que había sido publicada en 1992, mediante una Norma Oficial Mexicana.

La publicidad e información se regulan en la Ley de Protección al Consumidor, en su reglamento recientemente modificado en su totalidad en diciembre de 2019 y en los

Lineamientos para el Análisis y Verificación de la Información y Publicidad, publicado en el Diario Oficial de la Federación el 24 de julio de 2012 y en la NOM-247-SE-2021.

Los contenidos mínimos se regulan en la Ley de protección al consumidor, su reglamento y la NOM-247-SE-2021, aunque la Constitución Política de los Estados Unidos Mexicanos en el artículo 121 fracción II establece que los inmuebles se regirán bajo la ley de la entidad federativa en donde se ubiquen.

Karim Oviedo y Rossy Moreno

Acerca del autor

Es abogado, egresado de la Universidad Autónoma Metropolitana, con estudios en administración y finanzas públicas, máster internacional en negocios y administración del fútbol, desarrollo sustentable y de doctorado en derecho ambiental. Maestro de diversos diplomados en bienes raíces en México y en el extranjero, es miembro y fue presidente de la Asociación Mexicana de Profesionales Inmobiliarios Sección Hermosillo, así como Coordinador de la Región Frontera de la misma asociación (AMPI), es socio de la National Association of Realtors (NAR) y fue socio fundador de la Asociación de Agentes Inmobiliarios de Sonora y lidera con mucho éxito la oficina de RE/MAX ESPACIOS HÁBITAT en Hermosillo.

Ha sido ponente en diversos foros, paneles y conferencias en asociaciones del gremio inmobiliario, universidades, cámaras y medios de comunicación.

Es coautor del Libro "12 Leyes de Marketing para Inmobiliarios", que ha estado en los primeros lugares de ventas en Amazon tanto en versión impresa como Kindle. Disponible en www.marketingparainmobiliarios.com

Es Miembro del Comité del Consejo de la Industria para la Construcción y el Desarrollo, como especialista en el ramo inmobiliario, desde donde ha impulsado diversas iniciativas en materia inmobiliaria y social en Sonora, México.

www.ingramcontent.com/pod-product-compliance
Lightning Source LLC
Chambersburg PA
CBHW021420210526
45463CB00001B/469